アルプスの麓の国々を巡る
－手造りの旅の味－

間野　暢興

イタリア中部旅行

上：シエナ・カンポ広場

左：サン・ピエトロ広場
　　（サン・ピエトロ大聖堂の屋上から）

シエナのプッブリコ宮とマンジャの塔

上：フィレンツェ・花の聖母教会
　　ドゥオーモとジョットの鐘楼

左：花の聖母教会クーポラの天井画

スイス旅行

アイガー東尾根と北壁（右の黒い部分）

ユングフラウヨッホにて

エンツィアンの花（シーニゲ・プラッテ）

マッターホルン（登山電車から）

モン・ブラン（エギーユ・デュ・ミディから）

レマン湖（シヨン城と遊覧船）

オーストリア東部中部旅行

ウィーン・シュテファン広場
（シュテファン大寺院の塔から）

ウィーナー・シュニッツェル

夕陽に燃えるホーエンザルツブルク要塞

ケーニヒス湖バルトロメー僧院と
ヴァッツマン山群

ハルシュタット

グロースグロックナー南西側

ドイツ南部－オーストリア西部旅行

ミュンヘン・マリエン広場（二つの塔を持つ赤い屋根の建物はフラウエン教会）

セザンヌの絵（ノイエ・ピナコテーク）

ミュンヘンの白ソーセージ

ノイシュヴァンシュタイン城

インスブルック・黄金の小屋根

ヴィルトシュピッツェを望む

イタリア北部旅行－1

左上：ミラノのドゥオーモ
右上：モン・ブラン（イタリア側）

上：エーデルヴァイス
左：アルペンローゼ

ラクレット（クールマイユールにて）

サン・マルコ寺院鐘楼とドゥカーレ宮殿

イタリア北部旅行－2

上：ドロミティの王様：アンテラオ
左：ヴェネツィアの小運河とゴンドラ
左下：トファーナ展望台からの眺め
下：オリンピコ劇場内部（ヴィチェンツァ）

ヴェローナ・アレーナでのアイーダ上演　　　マッジョーレ湖ベッラ島の庭園

フランス南東部旅行

ローヌ川とベネゼ橋（アヴィニョン）

ニースの海岸と旧市街

ニース風サラダ

エズの風景

ロスチャイルド家の庭園

リヨン・ベルクール広場から
フルヴィエールの丘を望む

アルプスの麓の国々を巡る
－手造りの旅の味－

モン・ブラン（クールマイユール）

間野暢興

村の教会　　(ラ・ベラルド)

まえがき

　18 世紀から 19 世紀にかけて活躍したドイツの文学者・詩人・政治家ゲーテ（Johann Wolfgang von Goethe, 1749 - 1832）の詩のひとつに、『ただ、憧れを知る人だけが（Nur wer die Sehnsucht kennt）』という詩がある。この詩における「憧れ」は恋人に対する憧れを指しているようだが、彼は『君よ知るや南の国』という歌のもとになる詩も作っている。幼少のころ父親から話を聞かされたゲーテは、30 代に突然誰にも告げずに職を放棄して、かねてからの憧れの地南国イタリアに出奔しその地をめぐり、かねてからの夢の実現を果たす。その旅行の詳細は、彼の著作『イタリア紀行』を通して知ることができる。

　明治時代以来多くの日本人も、少年少女時代から遙かなるヨーロッパに対して憧れの気持ちを持ち続けてきた。古くは、絵画における梅原龍三郎、音楽での滝廉太郎、詩の分野での萩原朔太郎、登山の分野での槇有恒や浦松佐美太郎、比較的近年の文学では須賀敦子など、枚挙するのにいとまがないほどである。また、ドイツ語、イタリア語、フランス語などのラジオ語学講座の先生は、女性の方が男性よりも多い。実際にヨーロッパを訪れると、何人もの若い日本人女性に出会う。彼女たちは、旅行者であることが多いが、現地の語学学校に通っている女性の場合もある。さらに、現地の人と結婚して店の女主人として奮闘している女性の場合もある。彼女たちは皆何らかの「憧れ」に導かれて、ヨーロッパに導かれてきたのだ。

　筆者にとってもアルプスと西洋文化は若い頃からの憧れの的であった。氷河と岩に彩られたアルプスとそこで繰り広げられたスリリングな登攀の記録、および、アルプスの麓の国々における美術（絵画、彫刻、建築）、音楽、映画は、いつの日か現地を訪れ実際に見聞したいものだ、という想いをつのらせた。

　定年で職を離れた年に、ローマとトスカーナへ旅行する機会がめぐって来た。この内、トスカーナ（ピエンツァ、シエナ、フィレンツェ）へは我々夫婦だけの個人旅行だった。それ以来、ヨーロッパの国々の持つ個性的な魅力に惹かれて、毎年のようにアルプスの麓の国々を訪れることとなった。筆者は、上に記したように、山好きであるだけでなく、麓の大都会にある寺院、城と庭園の見学、美術館での名画鑑賞にも大いに興味がある。そこで、毎回インターネ

3

ットを活用しながら手造りの旅を立案計画して、リュックサックを背負いスーツケースを引きずりながら、アルプスの麓の国々－スイス、オーストリア、ドイツ（南部）、イタリア（北部）、フランス（南東部）－を順に巡って来た（なお、スロヴァキアとリヒテンシュタインは未訪問である）。

　この手造りの旅は、団体行動による制約とは一切無縁の旅であり、一度実行し経験するとやみつきになる。この自由気ままな手造りの旅を、未だヨーロッパに渡航したことの無い若い方々に、そしてツアーでの旅行に参加したことはあるが手造りの旅をしたことのない方々に、是非味わって頂きたいという気持から、本書を記すことにした。

　以下に、本書の内容を簡単に紹介する。
　アルプスを囲む国々の地理と歴史の概要を第 I 部に記す。アルプスを囲む国々は、山、峠、川、湖などを自然国境として地続きであり、アルプスの麓には古から大都市が幾つも栄えてきた。それゆえ、歴史的に政治や経済上の繋がりは深く文化の交流も盛んであったが、同時に国々の間で領土の争奪戦も繰り返されてきたのだ。その予備知識の下に、筆者が訪問したアルプスの麓の上記の諸国を巡った旅の国毎の見聞録を、それらの地図や写真と共に記す（第 II 部）。なお、きっかけの旅で訪問したローマおよびトスカーナはアルプスの麓とは言えないが、ヨーロッパの政治、芸術・文化はローマ帝国を源泉とし、文化はルネッサンス以降イタリアから各国へと広まって行ったことを踏まえて収録した。これらの旅行では、インターネットを駆使して情報を収集し、旅行のコースを立案・計画し、宿泊するホテルや鉄道バスの切符の手配をして、個人旅行（主として夫婦で）を行った。筆者を含めてこれから手造りの旅を行う方々のために、手造りの旅における計画と実行についてのガイドを第 III 部にまとめた。

　本書の「あとがき」には、筆者がヨーロッパの自然と文化に魅せられていった青春時代の過程を、山、音楽、絵画について記した。これは、第 II 部に掲げた諸旅行の原動力として作用した。個々の旅行で得られる見聞や知識は断片的なものになりがちである。美術館訪問などでも同じことが言え、芸術の思潮の変遷を踏まえて鑑賞すると理解をいっそう深めることができる。そこで、美術史と音楽史についての筆者による独断的な概説：『ヨーロッパにおける芸術の歴史』を、本書の最後に（年表付き）付録として掲載した。参考にして頂ければ幸いである。

なお、手造りの旅の場合最初に気になるのは言語の問題であろう。アルプスの麓の国々で用いられている主な言語は、ドイツ語、イタリア語、および、フランス語である。現在は英語が世界の標準語となっているので、これら現地語での会話が出来なくても何とかなる。しかし、道を尋ねたり、商店や公共の掲示を読んだりする際には、その国の言語に多少なりとも馴染みがあると好都合である。これらの言語の入門については、別冊で取り上げることを計画している。

本書における表記法

言語名の略称表現
英：英語　独：ドイツ語　伊：イタリア語　仏：フランス語　日：日本語
羅：ラテン語

国名の略称表記
英：イギリス	独：ドイツ	伊：イタリア
仏：フランス	日：日本	墺：オーストリア
瑞：スイス	西：スペイン	蘭：オランダ
白：ベルギー	普：プロイセン	チェコ：チェコ
米：アメリカ	露：ロシア	希：ギリシャ

本書における地名と人名の仮名表記
　地名と人名に関しては、できるだけ母国語での発音に近い日本語の片仮名で記すようにしたが、やむを得ず昔からの馴染みの発音に従ったものもある。ウィーン、ワーグナー、チューリッヒなどがその例である。

語句注釈における文法事項の簡略記法
　第 II 部の本文中にはイタリア語あるいはフランス語による文章が出てくる部分がある。それらの文章に付けた注釈のフォーマットを以下に記す。

5

・単語の説明形式：

　　欧文字による単語の綴り　［性］［カタカナによる発音記述］　日本語による意味記述（［]は、省略されることがあることを表す）。

　　　性は、m：男性、 f：女性、n：中性、pl：複数。

　　　　二つの意味を並べて書く場合にはカンマで区切る。

・代名詞には単複の人称がある。 2人称には敬称と親称とがある。

　　単数：1人称（私）、敬称2人称（あなた）、親称2人称（君）、3人称（彼／彼女／それ）。

　　複数：1人称（私達）、敬称2人称（あなた達）、親称2人称（君達）、3人称（彼ら）。

・文中では、名詞、代名詞には1格から4格までの格がある。

　　格：1格（主格、主語）、2格（所有格）、3格（間接目的語、「〜に」に相当）、4格（直接目的語、「〜を」に相当）。

・単数複数人称は、単数あるいは複数、のあとに、人称を1〜3の数字で表す。

・本書で扱う法と時制

　　本書で扱う文は直説法に属する。時制は現在のものが多いが、未来と過去のものについては、出現箇所で個別に記すことにする。なお、本書では文法用語の説明は省略する。

・「＜」記号の使用による説明追加

　　a＜b....　は、実際に文中に使われている a は、基本となる（辞書に載っている）単語 b の .... であることを示す。b は、動詞の場合は不定詞あるいは原形と呼ばれる。名詞、形容詞の場合は男性形を用いる。

　　...は、理解を進めるための文法的説明文で、a が b の（指定法下の）特定時制における単複人称の活用形であることを表す。

目次

まえがき・・・3

本書における表記法・・・・・・・・・・・・・・・・・・・・・・・・・・・・・・・・・・・・5

I　アルプスを囲む国々の地理と歴史・・・・・・・・・・・・・・・・・・・・15

1　地理・・16
　取り上げる国々／自然国境－山、峠、川、湖－／アルプスの山々／
　大河とそれらの流域／代表的な都市

2　政治と経済の歴史・・・・・・・・・・・・・・・・・・・・・・・・・・・・・23
　ローマ帝国とキリスト教／グーテンベルクによる活版印刷術の開発／
　ルネッサンス／都市国家／新航路の発見／宗教改革運動／この時代の産業
　形態／混沌の時代から統一国家へ／産業革命／国家間の対立と戦争／科学
　技術の発展／第一次世界大戦と第二次世界大戦／国家統合への動き／情報
　革命の時代

II　夢の実現の記録・・・・・・・・・・・・・・・・・・・・・・・・・・・・・・・・35
1　イタリア中部旅行・・・・・・・・・・・・・・・・・・・・・・・・・・・・・・35
　　1.1　動機・・・・・・・・・・・・・・・・・・・・・・・・・・・・・・・・・・・・・・36
　　1.2　ローマ・・・・・・・・・・・・・・・・・・・・・・・・・・・・・・・・・・・・36
　　ローマ案内／永遠の都ローマ／おかっぱ刈りの松／パンテオン／
　　アッピア街道／ローマの道路／ミケランジェロは天才中の天才／
　　サン・ピエトロ大聖堂／信者で無い者が教会内部を見ると／教会の入口に
　　は必ず乞食が居る！／トイレの話／テルミニ駅の女スリ
　　1.3　ピエンツァ・・・・・・・・・・・・・・・・・・・・・・・・・・・・・・・・42
　　緑の田園に囲まれた都市：ピエンツァ
　　1.4　シエナ・・・・・・・・・・・・・・・・・・・・・・・・・・・・・・・・・・・42
　　中世における姿をそのままの残す都市：シエナ
　　1.5　フィレンツェ・・・・・・・・・・・・・・・・・・・・・・・・・・・・・・43
　　フィレンツェ案内／芸術の宝庫：フィレンツェ／『ヴィーナスの誕生』
　　と『春』／『椅子の聖母子』／フラ・アンジェリコの『受胎告知』／
　　ミケランジェロの『ダヴィデ』／遭遇した日本出身の石細工店女主人

7

1.6　本イタリア旅行の総括的印象・・・・・・・・・・・・・・・・・・・・・・・・47
2　スイス旅行・・・・・・・・・・・・・・・・・・・・・・・・・・・・・・・・・・・・・・・48
　　2.1　アルプスへの憧れの実現・・・・・・・・・・・・・・・・・・・・・・・・・49
　　2.2　グリンデルヴァルト・・・・・・・・・・・・・・・・・・・・・・・・・・・・49
　　ベルナー・オーバーラント案内／岩山が迫るグリンデルヴァルト／3山を
　　堪能するロープホルンとミューレン／ユングフラウヨッホ／北壁の下の
　　トレッキング：アイガー・トレイル／天上の楽園：シーニゲ・プラッテと
　　フィルストのバッハアルプゼー／メンリッヒェンでの開山祭
　　2.3　ツェルマット・・・・・・・・・・・・・・・・・・・・・・・・・・・・・・・・54
　　ヴァリス地方の山々／マッターホルンと不即不離の街：ツェルマット／
　　マッターホルンの展望台スネガ、だが乱開発が！／ヘルンリ小屋目指して
　　／ゴルナーグラート展望台からの眺め
　　2.4　サース・フェー・・・・・・・・・・・・・・・・・・・・・・・・・・・・・・ 56
　　山々に原始の雰囲気を残すサース・フェー
　　2.5　シャモニー・・・・・・・・・・・・・・・・・・・・・・・・・・・・・・・・ 57
　　シャモニーへの行き方／モン・ブランの街：シャモニー／モン・ブラン
　　空中見物／モン・ブラン見物の途中に出会った日本人ツアー添乗員
　　2.6　ローザンヌとレマン湖地方・・・・・・・・・・・・・・・・・・・・・・59
　　坂の街：ローザンヌ／シヨン城とレマン湖
　　2.7　ルツェルン・・・・・・・・・・・・・・・・・・・・・・・・・・・・・・・・59
　　モントルーからルツェルンへ／ピラトゥス山
　　2.8　実感スイス旅行・・・・・・・・・・・・・・・・・・・・・・・・・・・・・・60
　　アルプスの高山植物の花／スイスの山のすばらしさ
3　オーストリア東部・中部旅行・・・・・・・・・・・・・・・・・・・・・・・・62
　　3.1　馴染み深いオーストリア・・・・・・・・・・・・・・・・・・・・・・・・63
　　3.2　ウィーン・・・・・・・・・・・・・・・・・・・・・・・・・・・・・・・・・・63
　　ウィーン案内／ウィーン：夢の街／ブリューゲル、クリムト、および、
　　エゴン・シーレ／マックス・オッペンハイマーの描いたオーケストラの絵
　　／ウィーン市立公園の音楽家像／トルテとウィーナー・シュニッツェル
　　3.3　ザルツブルク・・・・・・・・・・・・・・・・・・・・・・・・・・・・・・・67
　　『サウンド・オブ・ミュージック』／モーツァルトの生まれた街：
　　ザルツブルク／ザルツブルクでの滞在／ホーエンザルツブルク要塞―
　　ザルツブルクで度肝を抜かれたこと

3.4　ベルヒテスガーデン ·························· 69
　　ケーニヒス湖／昼休み時間厳守のイエナー山ロープウェー
3.5　ハルシュタット ···························· 70
　　ハルシュタット案内／石灰岩の山々と化石のお土産
3.6　リエンツ ································· 72
　　健康的な山岳都市：リエンツ／二方向から眺めたグロースグロックナー
3.7　オーストリアの印象 ························· 74

4　ドイツ南部－オーストリア西部旅行 ·················· 75
4.1　地理 ·································· 76
4.2　ミュンヘン ······························ 77
　　ミュンヘン案内／好感の持てる都市：ミュンヘン／質実剛健なドイツ人／
　　ドイツ博物館／イギリス庭園のサーファー達／おもちゃ博物館／大人気
　　のホーフブロイハウス／アルテ・ピナコテーク／ニンフェンブルク城とそ
　　の庭園／ヒトラー
4.3　フュッセン ······························ 82
　　フュッセン案内／ノイシュヴァンシュタイン城は世界的な人気／
　　テーゲル山ロープウェーまでバスに乗せてくれた運転手／自転車登山と
　　ハンググライダー
4.4　ガルミッシュ・パルテンキルヒェン ··············· 84
　　ガルニ／ドイツの最高峰ツークシュピッツェに登る
4.5　ミッテンヴァルト ························· 85
　　ミッテンヴァルト案内／夕陽に燃えるカールヴェンデルシュピッツェ
4.6　インスブルック ·························· 86
　　インスブルック案内／宮廷教会と大聖堂／ハーフェレカールへの
　　ケーブルカー／OBB は QBB？
4.7　ゼルデン ······························· 88
　　エッツタール／ティロールのホテル
4.8　ミュンヘンとインスブルックについて ·············· 90

5　イタリア北部旅行 ························· 91
5.1　地理 ·································· 92
5.2　ミラノ ································· 93
　　ミラノ案内／ミラノの印象：新旧の混合／発達した交通機関網／ブレラ

9

美術館／好印象のアンブロジアーナ美術館／最後の晩餐：予約の取り方／
サンタ・マリア・デッレ・グラツィエ教会と『最後の晩餐』／地下鉄での
スリ体験

5.3　クールマイユール・・・・・・・・・・・・・・・・・・・・・・・・・・・・・・・・・・97
渇水に悩む都市／モン・ブラン・ケーブル／クールマイユールの街散策／
ベルトーネ小屋へのトレッキング／フレッチャビアンカで出会った日本
語に堪能なイタリア人

5.4　ヴェネツィア・・・・・・・・・・・・・・・・・・・・・・・・・・・・・・・・・・・・・100
ヴェネツィア案内／迷路のような街並み／ヴァポレットとゴンドラ／
サン・ジョルジョ・マッジョーレ島とその教会／アッカデミア美術館／
ティツィアーノによる『被昇天の聖母』

5.5　コルティナ・ダンペッツォ・・・・・・・・・・・・・・・・・・・・・・・・・・・・104
コルティナ・ダンペッツォへのヴェネツィアからの行き方／コルティナ・
ダンペッツォ案内／トファーナ・ディ・メッツォの素晴らしい展望台／
トレ・チーメは一周に価値あり／雨の日の散策路／Voi siete qui － You
are here／帰りのバスからの眺め

5.6　パドヴァ・・・・・・・・・・・・・・・・・・・・・・・・・・・・・・・・・・・・・・・108
パドヴァ案内／スクロヴェーニ礼拝堂／廉価で設備の良いホテル／モノ
レールの路面電車

5.7　ヴィチェンツァ・・・・・・・・・・・・・・・・・・・・・・・・・・・・・・・・・・・109
中世の天才建築家：アンドレーア・パッラーディオ／オリンピコ劇場／
ゲーテ訪問に関する碑／パッラーディオに関する碑／シニョーリ広場／
ラ・ロトンダ

5.8　ヴェローナ・・・・・・・・・・・・・・・・・・・・・・・・・・・・・・・・・・・・・112
ヴェローナ案内／アレーナでのアイーダ観劇／Ho Fame／ヴェローナ駅
での出来事

5.9　ストレーザ・・・・・・・・・・・・・・・・・・・・・・・・・・・・・・・・・・・・・115
マッジョーレ湖のベッラ島

5.10　今回のイタリア北部旅行で目に触れた日本・・・・・・・・・・・・116

5.11　イタリアの印象・・・・・・・・・・・・・・・・・・・・・・・・・・・・・・・・116

6　フランス南東部・・・・・・・・・・・・・・・・・・・・・・・・・・・・・・・・・・・・117

6.1　地理・・118

6.2　アヴィニョン・・・・・・・・・・・・・・・・・・・・・・・・・・・・・・・・・・・・119

アヴィニョン案内／ヴィルヌーヴ・レザヴィニョン

6.3　アルル··120
アルル名所巡り

6.4　ニース··122
ニースの海岸／ロスチャイルド家男爵夫人の夢を実現した地を訪れる／
シャガール美術館を訪ねて／これぞニース風サラダ

6.5　ラ・ベラルド··125
ブール・ドワザンでの思わざる一泊／シャンブル・ドット宿泊初体験と
アルプス見物

6.6　リヨン··130
リヨンの地理／リヨン観光／日本の漫画と文芸／フランスの鉄道

6.7　今回のフランス旅行の印象····································131
キックスケーターが流行している／自転車王国／地方のフランス人は
親切／フランスは花が綺麗

Ⅲ　旅の計画立案と実行のためのガイド····························133
1　手造りの旅の醍醐味··134
2　旅に関連する予備知識··135
2.1　旅行の計画は実行の3か月前に································135
2.2　ヨーロッパへ／からの移動····································136
飛行時間／飛行機／時差と夏時間の存在／ヨーロッパの夏の日は長い

2.3　鉄道旅行に関する事柄··137
ユーレイルパス／鉄道の時刻表

2.4　ホテルと民宿··139
ホテルのグレードと朝食／ホテルを選ぶ基準／電気製品

2.5　旅行中の支払いと保険··141
通貨／支払いの手段／カードを活用して所持金を減らす／旅行先の
通貨による現金の準備／紙幣と貨幣／海外旅行保険

2.6　トレッキング··142
ストックの使用／所要時間の見積もり／ロープウェーやケーブルの
時刻表

3　インターネットを活用した計画立案と手配························143
3.1　立案の過程··143

情報の収集／訪問先の絞り込み／訪問先の見学に要する時間／都市間の
移動に要する時間／飛行機、鉄道、バスの時刻表検索と利用便の選択

   3.2　旅行日程の決定と予約······················145
訪問する都市と滞在日数の決定／旅行日程の決定／航空券の予約購入／
ホテルの予約／各種切符の予約

   3.3　旅行前に済ましておくべき事柄················147

4　携行品について ·······························148

5　旅先での体験に関して·························156

   5.1　空港····································156
出発時（日本出国）／セキュリティ・チェック／到着空港での入国審査／
バッゲージ・クレームで自分の荷物が出てこなかった場合／帰国時、TAX-
FREE の扱いを受けるためには／フランクフルト空港での体験／飛行機
が途中で引き返した場合の扱い／帰国時の出発空港でのチェックイン

   5.2　交通機関································159
鉄道路線図／切符販売窓口／出発列車の電光掲示板／ヨーロッパの駅
は改札口が無い／刻印機／エスカレーター、エレベーター、スロープ／
プラットフォーム上の客車の位置／車内／発車／ライゼゲペック／
地下鉄、路面電車、バス／タクシーの利用は気を付けて／レンタカー

   5.3　街······································162
観光案内所を利用する／交通は右側通行／磁石の利用／飲料水ボトルの
購入／トイレ／都会で遭遇する種々の危険

   5.4　ホテル··································165
チェックイン時に聞いておくべき事柄／ビュッフェ形式の朝食／洗濯／
部屋備え付けの冷蔵庫／ティップ／宿泊をキャンセルする場合や
チェックインが夜遅くなる場合

   5.5　夕食····································166
街のレストラン／宿泊ホテル内のレストラン／セルフサーヴィス・レスト
ラン／コーポあるいはスーパーでの食料品購入／日本から持参した麺類
などのインスタント食品

   5.6　美術館、博物館··························168

   5.7　トレッキング····························168
交通機関の最終便の時刻確認／道案内／岩場での注意／アルプスの泉の
水は飲料には不適／アルプスでの非常呼び出し電話番号

5.8　日本の家族や会社への連絡‥‥‥‥‥‥‥‥‥‥‥‥‥169
　　　携帯電話による方法／メールによる方法
　6　帰国後‥‥‥‥‥‥‥‥‥‥‥‥‥‥‥‥‥‥‥‥‥‥‥‥169

あとがき‥‥‥‥‥‥‥‥‥‥‥‥‥‥‥‥‥‥‥‥‥‥‥‥‥‥171
　　私と山とヨーロッパアルプス／私と音楽とヨーロッパ／
　　私と絵画・映画とヨーロッパ
終わりに‥‥‥‥‥‥‥‥‥‥‥‥‥‥‥‥‥‥‥‥‥‥‥‥‥177
謝辞‥‥‥‥‥‥‥‥‥‥‥‥‥‥‥‥‥‥‥‥‥‥‥‥‥‥‥178

付録　ヨーロッパにおける芸術の歴史‥‥‥‥‥‥‥‥‥‥‥‥179
1　源としてのイタリアの美術と音楽‥‥‥‥‥‥‥‥‥‥‥‥‥180
2　美術史　－絵画、彫刻、建築－‥‥‥‥‥‥‥‥‥‥‥‥‥181
3　音楽史‥‥‥‥‥‥‥‥‥‥‥‥‥‥‥‥‥‥‥‥‥‥‥‥188
　3.1　言語と音楽との関係‥‥‥‥‥‥‥‥‥‥‥‥‥‥‥188
　3.2　音楽史概観と代表作‥‥‥‥‥‥‥‥‥‥‥‥‥‥‥189
4　美術と音楽における進展の関連性‥‥‥‥‥‥‥‥‥‥‥‥197

参考文献‥‥‥‥‥‥‥‥‥‥‥‥‥‥‥‥‥‥‥‥‥‥‥‥‥199

索引‥‥‥‥‥‥‥‥‥‥‥‥‥‥‥‥‥‥‥‥‥‥‥‥‥‥‥203

著者紹介‥‥‥‥‥‥‥‥‥‥‥‥‥‥‥‥‥‥‥‥‥‥‥‥‥209

表リスト

表 1 アルプスの麓の主な国々 ・・・・・・・・・・・・・・・・・・・・・・・・・・・・16
表 2 アルプスの主な山々 ・・・・・・・・・・・・・・・・・・・・・・・・・・・・・・・・19
表 3 アルプスを囲む都市と日本の姉妹都市 ・・・・・・・・・・・・・・・・・22
表 4 政治・経済・発明年表 ・・・・・・・・・・・・・・・・・・・・・・・・・・・・・・32
表 5 携行品リスト ・・・・・・・・・・・・・・・・・・・・・・・・・・・・・・・・・・・・・152
表 6 美術－絵画・彫刻・建築－年表 ・・・・・・・・・・・・・・・・・・・・・185
表 7 作曲家年表 ・・・・・・・・・・・・・・・・・・・・・・・・・・・・・・・・・・・・・・195

地図リスト

地図 アルプス近辺－山岳、都市、鉄道 ・・・・・・・・・・・・・・・・・・・巻頭
カラー地図 アルプスの麓の国々（国旗付） ・・・・・・・・・・・・・・・・巻頭
地図 アルプスの麓の国々 ・・・・・・・・・・・・・・・・・・・・・・・・・・・・・・15
地図 イタリア中部 ・・・・・・・・・・・・・・・・・・・・・・・・・・・・・・・・・・・・35
地図 スイス中西部 ・・・・・・・・・・・・・・・・・・・・・・・・・・・・・・・・・・・・48
地図 オーストリア東部・中部 ・・・・・・・・・・・・・・・・・・・・・・・・・・・62
地図 ドイツ南部・オーストリア西部 ・・・・・・・・・・・・・・・・・・・・・75
地図 イタリア北部 ・・・・・・・・・・・・・・・・・・・・・・・・・・・・・・・・・・・・91
地図 フランス南東部 ・・・・・・・・・・・・・・・・・・・・・・・・・・・・・・・・117

I アルプスを囲む国々の地理と歴史

I　アルプスを囲む国々の地理と歴史

1　地理

取り上げる国々

　地中海の地図を見ると、真ん中に長靴形をしたイタリア半島が目に付く。このイタリア半島がヨーロッパ大陸に突き上げることによりイタリア北部にアルプス山脈が扇形に形成され、スイス、オーストリア、ドイツ、およびフランスとの障壁を形作っている、という印象を受ける。実は、アルプス山脈はスロヴェニアとリヒテンシュタインにも跨がっているのであるが、この本では上記の5か国を題材として取り上げることにする。

　これらの国々（および、比較のために、日本国）に関する情報を、

　　＜日本語名、各国語（英語、ドイツ語、イタリア語、フランス語）による

　　　国名の呼称、人口、面積、首都名、通貨名＞

の形式で表したものを**表1**に示す。

表1　アルプスの麓の主な国々　　（2013 年)

国名	英名。独名。伊名。仏名	人口 （万人）	面積 （万 km²)	首都	通貨名
スイス	英：Switzerland　独：Schweiz 伊：Svizzera　仏：Suisse	810	4.1	Bern	スイスフラン（CHF)
オーストリア	英：Austria　独：Österreich 伊：Àustria　仏：Autriche	850	8.4	Wien	ユーロ（€）
ドイツ	英：Germany　独：Deutschland 伊：Germània　仏：Allemagne	8270	35.7	Berlin	ユーロ
イタリア	英：Italy　独：Italien 伊：Itàlia　仏：Italie	6100	30.1	Roma	ユーロ
フランス	英：France。独：Frankreich。 伊：Frància。仏：France	6430	55.2	Paris	ユーロ
日本	英：Japan。独：Japan。伊：Giappóne。 仏：Japon	12710	37.8	東京	円（YEN)

フランスに関しては、植民地を含めていない面積と人口とを記した。この表を作ってみて驚いたのは、フランスの面積が広いこと、その割には人口が少ないことである。フランス政府が子供をつくることを奨励している理由が分かった気がする。また、ドイツよりも日本の面積が広いことにも驚いた。ドイツとオーストリアを合わせた面積では、日本のそれを越えるけれど。

　　自然国境　－山、峠、川、湖－

　スイスは、アルプスの中心を占めており、フランス、イタリア、オーストリア、ドイツの各国と国境を接している。スイスを挟んで、オーストリアとフランスは東西に、ドイツとイタリアは南北に隔てられている。

　これらの国々の境をなすのは、山岳・峠、川、湖などの自然である。国と国の境をなす代表例を以下に見て行く。

＊フランスとイタリアの国境＊　（p.91, p.117 の地図参照）

・モン・ブラン（仏: Mont Blanc、伊: Monte Bianco）（標高 4810.9m）

　　フランスとイタリアの国境上にある、アルプスにおける最高峰である。フランスのシャモニーChamonix とイタリアのクールマイユール Courmayeur 間は自動車道トンネルとロープウェーで結ばれている。モン・ブランの周りを 8 日かけて一周するツール・ドゥ・モン・ブラン（TMB）というトレッキングコースがある。

＊スイスとイタリアの国境＊　（p.48, p.91 の地図参照）

・グラン・サン・ベルナール峠（瑞：Col du Grand-Saint-Bernard、伊：Colle del Gran San Bernardo）（標高 2469m）

　　スイスのマルティニ Martigny とイタリアのアオスタ Aosta を結ぶ、古代から重要な交通路。セント・バーナード犬で有名。1800 年ナポレオン Napoléon Bonaparte がイタリア遠征のために峠越えしたことで名高い。

・マッターホルン（瑞: Matterhorn、伊: Cervino、仏: Mont Cervin）（標高 4478m）

　　スイスとイタリアの境にある。初登攀者ウィンパーWymper はイタリア側から何回も試みたが、最後にスイス側のツェルマットから試みて成功した。スイス側から見た方が、格好が良い。

・モンテ・ローザ（仏、伊：Monte Rosa）（標高 4634m）

　　スイスとイタリアの境にある。ツェルマットから登山電車で辿り着くゴルナーグラート展望台からは、マッターホルンも見ものであるが、モンテ・ローザの巨体も印象に残る存在である。

・シンプロン峠（瑞：Simplon-pass、伊：Sempione）（標高 2005m）

17

イタリア側のドモドッソラ Domodossola とスイス側のブリーク Brig を結ぶシンプロン・トンネル（長さ 4478m）がある。
・ティラーノ（伊：Tirano）
　　ミラノからの列車は、コモ湖 Lago di Como の東を通り、国境の町ティラーノに達する。ここからベルニナ急行 Bernina Express という呼称の列車がサン・モリッツ San Moritz へと運んでくれる。

＊**イタリアとオーストリアの国境＊** （**p.91** の地図参照）
・ティロール地方（墺：Tirol、伊：Tiròlo）
　　山好きの人ならティロール・ハットと呼ばれる登山者の帽子をご存じであろう。イタリアとオーストリアが互いに自国の領土として取り合った地方である。
・ブレンナー峠（墺：Brenner Pass、伊：Passo Brennero）（標高 1375m）
　　オーストリアのインスブルック Innsbruck とイタリアのボルツァーノ Bolzano（独：ボーツェン Bozen）を結ぶ、ティロール地方の代表的な峠で、ゲーテ J. W. von Goethe やモーツァルト W. A. Mozart も越えたが、今は鉄道で通過する。

＊**オーストリアとドイツの国境＊** （**p.62, p.75** の地図参照）
・ザルツブルク（墺：Salzburg）とベルヒテスガーデン（独：Berchtesgaden）
　　オーストリアの地図を見ると、その国土が東西に長いことに驚く。同時にその国土の北端であるドイツとの国境をよく見ると、ザルツブルクの西側からドイツ領がザルツブルクよりはるか南側まで楔形にオーストリア領に食い込んでいるのが分かる。この楔形のドイツ領の名前はベルヒテスガーデンと呼ばれている景勝地で、ヒトラーA. Hitler の山荘ケールシュタインハウス Kehlsteinhaus が昔あったところである。ドイツのアルペン街道 Die Alpenstraße の終点でもある。
・ミッテンヴァルト（独：Mittenwald）
　　ミュンヘン München とインスブルック Innsbruck を結ぶ街道の国境にあり、ヴァイオリン作りでも有名な都市である。ゲーテは、イタリア紀行においてミュンヘンからインスブルックへと行く際にここを通っている。

＊**スイスとオーストリアの国境＊** （巻頭の地図参照）
・エンガディン地方（瑞：Engadin）
　　スイスのサン・モリッツを中心とした地方で、イン川の上流にある。

18

＊スイス、ドイツ、オーストリアの国境＊ （巻頭の地図参照）

・ボーデン湖 （瑞、独、墺：Bodensee）

　　ボーデン湖にはライン川が流れ込んでおり、ここからさらにドイツへと流れ出ていく。

＊ドイツとフランスの国境＊ （p.15 の地図参照）

・ライン川（独：der Rhein、仏：le Rhin）

　　ボーデン湖から流れ出たライン川は、ドイツ側は黒い森を意味するシュヴァルツヴァルト Schwarzwald、フランス側はストラスブール Strasbourg を代表とするアルザス Alsace 地方を挟んだ自然国境となっている。

＊スイスとフランスの国境＊ （p.15, 巻頭の地図参照）

・レマン湖 （瑞、仏：le Lac Léman）

　　スイス領である北岸には、国際都市ジュネーヴ Genève、バレエの登竜門であるローザンヌ国際コンクールで有名なローザンヌ Lausanne（国際オリンピック委員会 IOC の本部もここにある）、ジャズで有名なモントルー Montreux がある。南岸のフランス領には、天然水で有名なエヴィアン Evian がある。

アルプスの山々

アルプスの主な山々について、

＜日本語名、国名、その国での名称、標高、初登頂年、初登攀者名＞

を標高の高い順に並べたのが**表2**である。モン・ブラン、モンテ・ローザ、マッターホルン、グランド・ジョラスなどは国境に位置する山々であり、国によって呼称が異なる山もある。バルマとパカールによるモン・ブラン初登頂は 1786 年で、19 世紀中頃はアルプス登攀の黄金時代であった。E.ウィンパーのマッターホルン初登頂はそのピークとなる。その後、1898 年にはゴルナーグラート鉄道が、1912 年にはユングフラウ鉄道が開通し、アルプスの持つ魅力は一般大衆のものとなった。20 世紀に入ってからは、北壁など、より困難な登攀が試みられる時代となった。

表2　アルプスの主な山々、および初登攀者と登頂年

山岳名	国名	欧名	高さ	初登攀者名	年
モン・ブラン	仏／伊	Mont Blanc／Monte Bianco	4810m	J. Balmat & M. Paccard	1786

モンテ・ローザ	瑞伊	Monte Rosa	4634m	C. Hudson 他	1855
ドーム	瑞	Dom	4545m	J. L. Davies 他	1858
ヴァイスホルン	瑞	Weißhorn	4505m	J. Tyndall 他	1861
マッターホルン	瑞	Matterhorn	4478m	E. Whymper 他	1865
	伊	Cervino			
北壁				Schmitt 兄弟	1931
フィンスターアールホルン	瑞	Finsteraarhorn	4274m	J. Leuthold 他	1829
グランド・ジョラス	仏伊	Grandes Jorasses	4208m	H. Walker 他	1868
北壁				R. Kasin 他	1938
ユングフラウ	瑞	Jungfrau	4158m	J. & H. Meyers 他	1811
バール・デ・ゼクラン	仏	Barre des Écrins	4102m	E. Whymper 他	1864
ラ・メイジュ	仏	la Meije	3983m	E. Boileau de Caslelnan 他	1877
アイガー	瑞	Eiger	3970m	C. Barrington 他	1858
東山稜				槇有恒 他	1921
北壁				A. Heckmair& H. Harrer 他	1938
グロースグロックナー	墺	Großglockner	3798m	Martins 他	1800
ヴィルトシュピッツェ	墺	Wildspitze	3770m	L. Klotz 他	1848
マルモラダ	伊	Marmolada	3343m	P. Grohmann 他	1864
アンテラオ	伊	Antelao	3264m	P. Grohmann 他	1863
ダッハシュタイン	墺	Dachstein	2995m	P. Gappmayr	1832
ツークシュピッツェ	独	Zugspitze	2962m	J. Naus 他	1820
ヴァッツマン	独	Watzmann	2713m	V. Stanic	1800
カールヴェンデル西峰	墺	Westliche Karwendelspitze	2385m	C. Mentzel	1654
ピラトゥス	瑞	Pilatus Kulm	2128m	―	14C

大河とそれらの流域

　古来ヨーロッパにおける物流の大動脈として働いてきた大河として、ドナウ川、ライン川、および、ローヌ川が挙げられる。現在ある大都市も、これらの川沿いに発展したものが多い。ライン川とドナウ川は、ローマ帝国の時代には、帝国を守る自然の障壁となった。地中海からヨーロッパ北部への物資運搬には、フランスのローヌ川が主に利用された。現在、ドナウ川とライン川支流のマイン川はライン・マイン・ドナウ運河 Rhein‐Main‐Donau‐Grossschiffahrtsweg で結ばれているので、船で黒海からドナウ川でウィーンを経てライン川に入り北海に出ることも可能である。p.15 の地図には、これら大河の流域と近接する大都市も示してある。

・ドナウ川（独：die Donau、英：Danube）

　　ドイツのシュヴァルツヴァルトを水源とし、ウィーンを通り、黒海にそそぐ。ドナウ川はヨーロッパ大陸第二の大河であり（第一の大河はヴォルガ川 The Volga River）。川の延長は実に 2860km である。信濃川の延長が 367km、利根川の延長が 322km であることからその大河ぶりが分かる。

　　旅行者はあまり意識しないであろうが、インスブルックを流れるイン川 Fluss Inn は、ドナウ川の支流であり、さらにザルツブルクの新旧市街を隔てるザルツァッハ川 Salzach はイン川の支流である。また、ミュンヘンを流れるイーザル川 Isar もドナウ川の支流である。

・ライン川（独：der Rhein、仏：le Rhin）　　延長 1233km。

　　アルプスを水源とし、ボーデン湖、ローレライ Loreley を経由して北海に注ぐ。沿岸の都市には、バーゼル Basel、マインツ、ボン、ケルン、デュッセルドルフ、ロッテルダムなどがある。

・ローヌ川（瑞、仏：La Rhône）　　延長 812km。

　　スイスのフルカ峠 Furkapass 付近にあるローヌ氷河を水源とし、レマン湖からフランス領に入り、西に向かい、リヨン Lyon で北方から流れくるソーヌ川 Saune と合流、南下して、アヴィニョン Avignon、アルル Arles を経て、カマルグ Camargue の三角州となって地中海 Mer Méditerranée に注ぐ。グルノーブル Grenoble を流れるイゼール川 Isère　は、ローヌ川の支流である。

代表的な都市

　表3に本書の対象とする都市とそれらの人口、および、対応する日本の姉妹都市およびその人口を掲げた。この表を見ると、規模、環境、緯度、特色などを考慮した上で相手の姉妹都市を選んでいるかがわかり興味深い。たとえば、

ローマー東京都は首都どうし、ミラノー大阪市は第二の大都市どうしである。リヨンー横浜、ミュンヘンー札幌は産業、ニースー鎌倉、フィレンツェー京都は文化、シャモニーー富士吉田、インスブルックー大町は山岳都市、がそれぞれ姉妹都市となる共通の要因と思われる。グリンデルヴァルトー松本市の組み合わせは、元々はグリンデルヴァルトー安曇村のそれが、安曇村が松本市に編入された後も引き継がれたとのことである。

　また、グリンデルヴァルト、ツェルマット、およびシャモニーは、アルプスの山岳観光地として有名であるが、この程度の人口であることが現地を見た目には頷ける。

表3　アルプスを囲む都市と日本の姉妹都市　2014年

都市名	国名	欧字都市名	人口 (万人)	姉妹都市名	人口 (万人)
ローマ	伊	Roma	286	東京都	1369
フィレンツェ	伊	Firenze	38.4	京都市	148
ミラノ	伊	Milano	135	大阪市	270
グリンデルヴァルト	瑞	Grindelwald	0.4	松本市	24
ツェルマット	瑞	Zermatt	0.6	妙高市	3.5
ミュンヘン	独	München	152	札幌市	195
ウィーン	墺	Wien 旧市街1区	184	台東区	20
ザルツブルク	墺	Salzburg	15	川崎市	149
インスブルック	墺	Innsbruck	13	大町市	2.8
リヨン	仏	Lyon	51	横浜市	373
シャモニー	仏	Chamonix	1	富士吉田市	5
ニース	仏	Nice	35	鎌倉市	17.7
ディーニュ	仏	Digne	1.7	釜石市	3.6
グルノーブル	仏	Grenoble	17	つくば市	23

2 政治と経済の歴史

続いて、この中央ヨーロッパ地域の政治と経済の歴史を手短に概観する。

ローマ帝国（羅：Imperium Romanum）はこの地域に統合国家を実現し平和な時代をもたらした。しかし、広い統合国家を維持することは容易なことではない。内部の諸民族の独立志向の動きや外部からの異民族の侵略などにより統合国家は分裂する。生まれた国家どうしは領土拡張を求めて激しく争う。そして、戦争とその惨禍に飽きて、一つの理想的な政治形態として統合国家への歩みが試みられる。そしてまた分裂……。**表4に示す政治経済年表**は、その繰り返しの歴史を表していると解釈することもできる。

ローマ帝国とキリスト教

紀元前 27 年からのローマ帝国は最初に実現した統合国家であった。その時代統治と領土保全・外部への領土拡大のために諸街道が整備された。まさに、「すべての道はローマに通ず（伊：Tutte le strade portano a Roma）」である。アッピア街道 Via Appia Antica はその代表的な例である。各地方には、首都ローマにおけるのと同様に、民衆を楽しませるために、円形劇場や大浴場が作られた。アルル Arles やヴェローナ Verona にはそれらの遺跡が残っていて、今も尚現役として使われている。

西暦 330 年にコンスタンティヌス 1 世（伊：Constantinus I）によりローマ帝国の首都はローマからコンスタンティノポリス（英：Constantinople、羅：Constantinopolis）に遷都され、さらに 395 年に東ローマ帝国（首都コンスタンティノポリス）と西ローマ帝国（羅：Imperium Romanum, Pars Occidentalis）（首都ミラノ）に分裂、西ローマ帝国は 476 年滅亡した（なお、東ローマ帝国は 1453 年オスマントルコの攻撃によりコンスタンティノープルが陥落するまで続いた）。本書で対象とする諸国は、西ローマ帝国の領土に属していた。キリスト教は 380 年テオドシウス帝（伊：Theodosius I）によりローマ帝国の国教とされてから、徐々にその力を高めた。

その後の歴史では、ヨーロッパ主要部を統合しフランク王国（独：Fränkisches Reich、伊：Impèro carolingio 、仏：Royaumes francs）を創始したカール大帝（独：Karl der Große, 伊：Carlo Magno, 仏：Charlemagne）（768 年〜814 年皇帝として在位）がよく知られている。彼により、古典ローマ、キリスト教（独：Christentum、伊：cristianésimo、仏：christianisme）、ゲルマン文化の融合が体現された。フランク王国は、ドイツ、フランス、イタリア 3 国の元になった。

23

ローマ法王は9世紀から14世紀まで西欧社会の揺るぎない支柱として君臨したが、法王（独：Papst、伊：papa、仏：pape）と皇帝（独：Kaiser、伊：imperatóre、仏：empereur）の間では、任命権に関して権力のせめぎ合いも起こった。1309年から約70年間法王庁（独：Vatikan、伊：Vaticano、仏：Vatican）はアヴィニョン Avignon に移され、フランス国王の強力な支配下に置かれた（「アヴィニョンの捕囚 Papauté à Avignon」）。

グーテンベルクによる活版印刷術の開発

　中世における社会の停滞は、グーテンベルク Gutenberg による活版印刷術の開発（1445年）により打ち破られた。この情報革命は、旧約聖書（羅：Vetus Testamentum、独：Alte Testament、伊：Antico Testamento、仏：Ancien Testament）と新約聖書（羅：Novum Testamentum、独：Neue Testament、伊：Nuovo Testamento、仏：Nouveau Testament）の印刷による聖書（独：Bibel、伊：Bibbia、仏：Bible）の普及だけでなく、後のプロテスタント運動の広がりにも預かって力があった。また、教育の広まりや文学の普及へも大きな影響を及ぼした。

ルネッサンス

　同じ頃、ルネッサンスがイタリアにおいて発生し、北方へと広がっていった。ルネッサンス Renaissance は再生・復興を意味するフランス語で、イタリア語リナシメント Rinasciménto に由来し、日本語では文芸復興と訳されるが、ギリシャ文化を模範とし発展させた芸術ないし文化上の運動である。

　ルネッサンスは、イタリアでは、前期はフィレンツェ Firenze（銀行業で大成功したメディチ家 Medici がミケランジェロ Michelangelo などの芸術家達を支援した）、後期はローマ（ローマ法王ユリウス2世 Julius II がサン・ピエトロ寺院 Basilica di San Pietro in Vaticano を建立）を中心に展開された、

　万能の天才レオナルド・ダ・ヴィンチ Leonardo da Vinci は城塞の設計や城塞を対象とした兵器の開発も研究している。フランスのフランソワ1世 François I de France は晩年のレオナルドを、そして神聖ローマ帝国 das Heilige Römische Reich の初代皇帝マクシミリアン1世（墺: Maximilian I）はデューラー Dürer を厚遇している。

都市国家

　中世のヨーロッパは、都市国家（独：Stadtstaat、伊：città-stato、仏：cité）の時代であった。各都市（独：Stadt、伊：città、仏：ville）の中心には、教会（独：Kirche、伊：chièsa、仏：église）と王宮（独：königliche Palast、伊：palazzo reale、仏：palais royal）及びそれに関連した施設が占める。都市の周りには城

壁を張りめぐらして、近隣の敵対勢力や異民族の襲撃に対して備えた。外部との出入のためには、城塞の所々に門が設けられていた。城塞都市と呼ばれるそれらの城壁を残した都市は今も少なからずヨーロッパのあちこちで見ることができる。城壁内部は旧市街（独：alte Stadt、伊：città vècchia、仏：vieille ville）として残り、近代に入って発展した領域は新市街と呼ばれている。近代になってからは、城壁はむしろ都市としての発展を阻害するものとして撤去されたところも多い。シエナ Siena、アヴィニョン（そして未だ筆者は訪問したことは無いがカルカッソンヌ Carcassonne）は、未だ都市の周囲を取り囲む城壁が残って居る。ザルツブルク Salzburg、インスブルック Innsbruck、ニース Nice、リヨン Lyon などは、旧市街が新市街と明白に区分けして現存している都市と言える。ウィーン Wien では、旧市街の周りにあった城壁がオスマントルコの襲撃から守る役割を演じたが、フランツ・ヨーゼフ時代に撤去され、路面電車の走るリング Ring と呼ばれる環状の道路へと作り替えられた。ミュンヘン München、ミラノでは、旧市街と新市街は混在している。

　なお、ヨーロッパでは、鉄道の幾つもの終着駅が都市の中心の周りを取り囲む形に配置されている都市が非常に多い。ウィーン、ミラノなどそうである。その理由は、中心部には既に旧市街によって占められており、鉄道は後から敷設されたためであろう。もちろん、終着駅どうしの間の連絡も必要だが、それには地下鉄や路面電車、タクシーが用意されている。

　潟（伊：laguna）上に市街を展開した特異な都市国家であるヴェネツィア Venezia は、中東・アジアに接続する東地中海航路の覇権を握った海洋国家であった。ヴェネツィア人マルコ・ポーロ Marco Polo は、13 世紀シルク・ロードを中国まで辿り東方見聞録 Delle meravigliose cose del mondo を著した。ヴェネツィアはビザンツ帝国（伊：Impèro bizantino）やアラブ、アジアとの交易（香辛料、胡椒、綿、砂糖など）により繁栄した。

新航路の発見

　ジェノヴァ Genova 出身のコロンブス（伊：Cristoforo Colombo）のヨーロッパ人によるアメリカ発見（1492 年）、ヴァスコ・ダ・ガマ（ポルトガル：Vasco da Gama）による東インド航路の発見と開発は、その後のスペイン、ポルトガル、オランダ、イギリス、フランスのヨーロッパ諸国による、南北アメリカ大陸への進出を促した。そして、ヴェネツィアはヨーロッパ以外の諸国との交易の中心としての存在位置を次第に失って行く。

宗教改革運動

さて、サン・ピエトロ寺院の建立に伴う膨大な建築費をまかなうために、ローマ教会は免罪符（羅：indulgentia）の制度を考えつき、教会に寄進すれば現世で犯した罪悪は解消されるとした。このような法王庁の腐敗に対する反発は、マルティン・ルター（独: Martin Luther）の宗教改革運動を惹き起こした（1517 年）。彼は、ヴィッテンベルク Wittenberg 城教会の扉に「95 か条の論題 Luthers 95 Thesen」を貼り付ける行動を起こしローマ法王とローマ教会を批判した。また、新約聖書のドイツ語訳を刊行し、民衆と聖書の距離を縮めるのに貢献した。その結果、キリスト教はカソリックの総本山ローマ法王庁とその宗教的支配に反抗するプロテスタントに分裂し、両者は以後抗争を繰り返すようになった。この状態は、ヨーロッパ中を巻き込んで戦われた、最後の宗教戦争と呼ばれる 30 年戦争 der Dreißigjährige Krieg （1618 年～1648 年）頃まで継続し、ドイツ国内はこの戦争により疲弊した。1648 年に締結されたヴェストファーレン条約（ウェストファリア条約）（独:der Westfälische Frieden）により、ルター派（ドイツ、デンマーク、スウェーデン）は容認され、ドイツ諸侯は主権を獲得し神聖ローマ帝国（独：das Heilige Römische Reich）は弱体化した。フランスはライン左岸に領地を獲得し、スイスは永世中立国として認められた。

この時代の産業形態

　アルプス北部には石灰岩の山地が多い。石灰岩はもともと海底に珊瑚礁などが積もってできたもので、この辺りのアルプスの山々は大昔海の底であったことを物語っている。ザルツブルク Salzburg の Salz はドイツ語で塩を指すように、岩塩はこの地方の特産物で、ミュンヘンは塩の売買に関する権益を持つ中心都市であった。なお、地中海の海水から塩を取り出す塩田では、フランスのカマルグ（仏：Camargue）が有名である。

　農業に関しては、主食のパンの原料となる小麦、家畜飼料としての大麦やトウモロコシ、などが昔から盛んである。ビール（英：beer、独：Bier、伊：birra、仏：bière）も大麦の麦芽を主原料としている。

　ちなみに、パリからフランス南部への鉄道に乗ると、車窓には延々と畑地が続くが、フランスが農業大国であることを実感させられる。葡萄酒（英：wine、独：Wein、伊：vino、仏：vin）の原料としての葡萄（ぶどう）の栽培は昔から盛んで、有名どころが多い。葡萄の生育には、冬春の適度の雨量と長く暑い夏が必要で、水はけが良く日当たりにも恵まれた丘陵や斜面が適している。

　アルプス Alps では昔から牧畜も盛んであった。ちなみに、アルプスの語源

となったアルプという言葉は、高原の牧草地を指す言葉である。牛は、肉、ハムやソーセージ、牛乳、乳製品などの食料や飲料としてだけでなく、皮革を加工して衣服、靴、手袋などに製品化された。羊毛は毛織物として、木綿とともに、衣類や絨毯の原材料であった。

運搬や戦争手段としては馬が活用された。動力の単位としてエンジンが5馬力などというのはその名残りであろう。カマルグの馬は今も有名である。自然エネルギーの動力としての利用は水車と風車でなされた。大規模運送には河川が利用されたので、大河沿いに大都市が発生発展したのは故有ることである。

混沌の時代から統一国家へ

イタリアでは、都市国家の時代が永く続いていたし、その後も19世紀半ばまで続くことになる。イタリア戦争の時代、フランス、神聖ローマ帝国、ナポリ王国 Regno di Napoli、シチリア Sicilia、サルデーニャ Sardégna、法王庁、スペインも絡み、非常に複雑な状況であった。

その後、ドイツとイタリアは統一が遅れるが、統一国家としてフランスが台頭して来た。その最盛期が、ブルボン王朝 Dynastie des Bourbons のルイ14世（仏: Louis XIV）で、ヴェルサイユ宮殿 Château de Versailles の創立も彼の時代である。一方、オーストリア大公、ハンガリー王、ボヘミア王の女傑マリア・テレジア（墺: Maria Theresia）は、オーストリア継承戦争で失ったシュレージエン Schlesien 奪回を目指し、プロイセン Preußen のフリードリヒ2世 Friedrich II との7年戦争を遂行する。シェーンブルン宮殿 Schloss Schönbrunn の開発も彼女による。諸外国との政治的安定を保つため結婚政策を採ったことは有名で、娘マリー・アントワネット（仏: Marie Antoinette）はフランスのルイ16世に嫁がせている。

ウィーンのマリア・テレジア像

フランスでは、ブルボン王朝の暴政に対するフランス革命（仏: la Révolution）が1789年に勃発した。国内の政治的不安定状態に乗じたナポレオン・ボナパルト（仏: Napoléon Bonaparte）は権力を奪取しただけでなく、彼の軍隊はヨーロッパ中を席捲した。もはや都市国家の時代ではなくなっていた。ヴェネツィアは、ナポレオンに降伏、その後神聖ローマ帝国に編入された。

ナポレオンのアルプス越え（グラン・サン・ベルナール峠）は、ダヴィッド

David 作：『グラン・サン・ベルナール峠越えのナポレオン』によって美化されて描かれている。

当時イタリアは芸術の面ではフランスにとって先進国であった。19 世紀から 20 世紀前半にかけてフランス国家が芸術を専攻する有望新人をローマに奨学金付きで留学させるローマ大賞（仏：Prix de Rome）と呼ばれる制度があり、派遣された人々の中からは多くの著名な作曲家や画家が輩出した。

長らく都市国家が分拠した状態であったイタリアだが、19 世紀半ばガリバルディ Garibaldi はイタリア統一（リソルジメント Risorgimento）を成し遂げ、サルデーニャ王のヴィットリオ・エマヌエーレ 2 世（伊：Vittorio Emanuele II）に献上した。なお、ニースは、1860 年イタリア王国の成立を認めて貰うために（ロンバルディア Lombardia と引き替えに）（住民投票の結果もあり）サヴォワ（仏：Savoie）/サヴォイア（伊：Savoia）と共にフランス（ナポレオン 3 世の時代）に割譲された。この知らせに、ニースの出身であるガリバルディは激怒したということである。

産業革命

1760 年代、ワット（英：James Watt）による蒸気機関の発明などを基にして、イギリスに綿織物工業を中心にした産業革命（英：the Industrial Revolution、独：die indusrielle　Revolution、伊：la Rivoluzióne industriale、仏：la Révolution industrielle）が起こった。蒸気機関は石炭を動力源としていた。産業の革命は、ヨーロッパ本土にも波及して行った。19 世紀初頭から蒸気船による大量運搬が実用化され、19 世紀前半には鉄道が開通した。

フランスでは、リヨンは中世からのヨーロッパ最大の絹織物生産地であったが、1830 年代から絹織物工業が始まった。2014 年世界遺産に登録された富岡製糸場もリヨンから技術導入したものである。

ドイツでは 1840 年代から重工業から始まる。エルンスト・ヴェルナー・フォン・ズィーメンス（Ernst Werner von Siemens）により発電機が発明された（1866 年）。

国家間の対立と戦争

統一国家の時代になると、ドイツ、オーストリア、イタリア、フランスは陸続きなので、隣り合う二つの国どうしは領土や資源に関して利害が対立することになる。

国家の産業の基盤資源としての石炭と鉄鋼の確保が各国の焦眉の課題となって行く。石炭と鉄の資源を求めてのドイツとフランスのいがみ合いが続く。

ミュンヘンのドイツ博物館の地下には、延々と続く坑道の巨大な展示があるが、その重要性を表したものと言えるであろう。

普墺戦争（1866年）はプロイセン王国とオーストリア帝国の間で行われた戦争で、プロイセンが勝利した。この戦争により、ドイツ統一（1870年）はプロイセン中心に進められることになった。オーストリアは、オーストリア・ハンガリー帝国 Österreichisch-Ungarische Monarchie となる。イタリア王国 Regno d'Italia はプロイセン側に立って戦ったので、オーストリアから（ヴェネツィアを含む）ヴェネト Veneto 地方を獲得した。しかし、ティロール（墺：Tirol、伊：Tirolo）地方の獲得はならず、第一次世界大戦後まで待つことになる。

普仏戦争（1870年～1871年）では、フランスとプロイセン王国（ドイツ諸邦も参加）の間で戦争が行われ、勝利したドイツはフランスから鉄と石炭を産出するアルザス・ロレーヌ（仏：Alsace-Lorraine、独：Elsass-Lothringen）地方を獲得し、敗れたフランスのナポレオン3世は退位し、第3共和政に移行した。

科学技術の発展

多くの物理学者の研究とその成果の工業化により、動力は蒸気機関からモーターを使用した電気エネルギーの活用へと進化した。さらに、有線および無線通信、電波を利用した放送、照明の普及などにより、20世紀は電気の世紀と呼ばれる発展を遂げた。

また、自動車の発明、鉄道の普及、20世紀初頭の飛行機の発明により、輸送の遠距離化、能率化と規模の拡大が著しく進展した。これらの発明により、各国の工業化が飛躍的に進むと同時に、兵器としても取り入れられ、戦争による惨禍も格段に大きくなった。

第一次世界大戦と第二次世界大戦

第一次世界戦争 World War I では、イタリアはフランスやイギリスを主戦国とする連合国側に付き、ドイツやオーストリアなどの連盟国と戦った。連合国が連盟国に勝利したので、敗れたオーストリア＝ハンガリー帝国は解体され、ティロールの南半分はイタリアに割譲された（北半分はオーストリア領として残った）。

なお、この大戦におけるイタリア軍とオーストリア軍との戦いは、ドロミティ Dolomiti 地方で山岳戦争として行われた。兵士達が戦争を確実に遂行できるように、岩山にトンネルを掘ったり、断崖に鉄はしごを架けたり、所々岩に打ち込んだハーケンを鉄のロープや麻のザイルを取り付けて上下できるようにした「鉄の道（イタリア語ではヴィア・フェッラータ via ferrata）」を作り出

した。鉄の道上を移動する際の安全を三点確保により実現できるようにするために、ハーネス harness と呼ばれる装身具が発明された。鉄の道、および、ハーネス（とヘルメット）を利用した岩壁登高技術は、現在ヨーロッパでは大人から子供までのスポーツ登山として普及している。

　第一次世界大戦の戦場となった戦勝国フランスは、ヴェルサイユ条約でアルザス＝ロレーヌ地方を獲得し、天文学的金額の賠償金をドイツに要求した。その支払いが得られないとみるや、ルール地方 das Ruhrgebiet を占領した。

　この多額の賠償金により、ドイツではスーパーインフレが発生した。1929年に発生したアメリカ発の世界恐慌と相まって、ヒトラーA. Hitler によるナチス・ドイツ Nazi Deutsche 惹起の源となった。ナチス Nazis（国家社会主義ドイツ労働者党 Nationalsozialistische Deutsche Arbeiterpartei の略称）は公共事業として国土にアウトバーン Autobahn（高速自動車道）を張り巡らすことにより雇用を作りだした。アウトバーンは後に他国侵略のための基盤として役立った。ナチス・ドイツはオーストリアを併合し、イタリア、日本と三国同盟（独: der Dreimächtepakt、伊: Patto Tripartito）を結び、フランス・イギリス・アメリカ、ソ連などの連合国 Allies、United Nations 側と開戦した（第二次世界大戦）。その結果連合国側が勝利した。ドイツは西独と東独に分割され、アメリカ及び西欧対ソ連という冷戦体制下を経て、1990 年統合された。オーストリアは、一時連合国側４か国の占領下にあったが、1955 年永世中立国として独立した。イタリアは王制を廃止し共和国となった。

国家統合への動き

　近代の歩みとして、都市の集まりを統合することにより統一国家が造り出された訳だが、その歩みをさらに進めて、国家統合により国家連合を造り出すことにより恒久平和を実現しようという思潮、あるいは運動が水面下で進行していた。ローマ帝国とその後のカール大帝によるヨーロッパ統一の歴史を振り返って、その運動に何らかの形で貢献した人々を表彰するカール大帝賞（独: Karlspreis）が 1935 年にスタートした。

　フランスとドイツは、近代産業の基盤となるエネルギー源と金属材料源としての石炭と鉄鋼を確保するために、国境地帯にあるアルザス＝ロレーヌ地方の争奪戦を繰り返して来たのだが、第一次世界大戦と第二次世界大戦（英: World War II、独: der Zweiter Weltkrieg、伊: la seconda guèrra mondiale、仏: la Seconde Guerre mondiale）という二つの戦争の惨禍を経験した指導者たちには、宥和の気持が芽生えた。その結果、シューマン宣言（ロベール・シューマン Robert

Schuman）に基づく欧州石炭鉄鋼共同体 European Coal and Steel Community が発足し、さらに現在の EU（英：European Union）および統一通貨ユーロ（英：euro、独：Euro、伊：èuro、仏：euro）の導入へと進化して来たのである。

シェンゲン協定（英：Schengen agreement、仏：Schengen Acquis）は、ヨーロッパの国家間において国境検査なしで国境を越えることを許可する協定で、これにより、我々も一度 EU の内部に入れば、異なる国々の間を移動する際に面倒な審査を受けずに済む。

情報革命の時代

本書で提唱している手造りの旅が可能になった背景には、全世界的情報革命の進展がある。情報革命は、電子計算機の誕生とその性能の飛躍的発展、全世界の計算機をネットワークにより結びつけたインターネット Internet と World Wide Web の開発に負っている。

電子計算機の原理は、英国の数学者チューリング A. Turing が 1936 年に発明した万能チューリング・マシン Universal Turing Machine に基づいている。

インターネット Internet は、インターネット・プロトコル技術を利用してコンピュータネットワーク間の相互接続を行うことにより実現されるネットワークのことである。プロトコルとはネット上の通信規約のことで、電子メールや Web などはインターネットのネットワークを利用したサーヴィスの一つである。

World Wide Web（WWW と略称）の提唱とその基礎技術の実装・開発は、1990 年に英国のバーナーズ＝リーT. J. Berners-Lee によりなされた。彼は、1984 年からスイスにある欧州原子核研究機構 CERN での研究者同士の間の情報交換用分散リアルタイムシステムの開発に従事しており、その経験が後の WWW の提案へと発展した。我々はインターネット上の検索エンジンを使って種々のホームページを検索したり、それらのページ上でホテルを予約したりしているが、ホームページのアドレス URL は、http://www.で始まるものが非常に多いことはご存知であろう。なお、先頭の http は、HTTP（Hyper-Text Transfer Protocol）の頭文字による略称で、インターネット上でデータ・文書を送受信するための規約である。

表4 政治・経済・発明年表

B.C.27	ローマ帝国始まる（首都はローマ）
330	コンスタンティヌス1世(伊: Constantinus I)コンスタンティノポリスへ遷都
380	テオドシウス1世（伊: Theodosius I）がキリスト教を国教化
395	ローマ帝国が東ローマ帝国（首都コンスタンティノポリス）と西ローマ帝国（首都ミラノ）に分裂
742 – 814	カール大帝（独:Karl der Große。仏:Charlemagne。伊:Carlo Magno）フランク王国
476	西ローマ帝国滅亡
1088	ボローニャ大学創立
1291	スイス建国
1309 - 1377	アヴィニョン捕囚
1445	グーテンベルク（独：J. Gutenberg）活版印刷を発明
1450 - 1527	盛期ルネッサンス(伊: Rinascimento, 仏: Renaissance)
1453	コンスタンティノープル陥落。東ローマ帝国（ビザンツ帝国）滅亡（オスマン帝国による攻略）
1455	グーテンベルク聖書出版
1492	コロンブス(伊: Cristoforo Colombo)がヨーロッパ人としてアメリカ発見
1492	グラナダ陥落（レコンキスタ完了）
1493 - 1519	マクシミリアン1世(墺: Maximilian I)神聖ローマ帝国皇帝在位
1494 – 1559	イタリア戦争
1497 – 1499	ヴァスコ・ダ・ガマ（ポルトガル: Vasco da Gama)がアフリカ喜望峰をまわるインド航路発見
1517	マルティン・ルター(独: Martin Luther)「９５か条の論題」
1618 - 1648	30年戦争（最後の宗教戦争）はウェストファリア条約で終結
1643 - 1715	ルイ14世(仏: Louis XIV)在位
1681	ヴェルサイユ宮殿着工（1710 ?）完成
1683	オスマントルコ帝国軍 Die Osmanen が神聖ローマ帝国首都ウィーンを包囲

1740 - 1780	マリア・テレジア（墺: Maria Theresia）在位　（ハプスブルク家）
1765	ワット（英: J. Watt）が蒸気機関改良
1783	ダバン（仏: J. d'Abbans）蒸気船を発明（1807）フルトン（米: Fulton)）
1789	フランス革命
1795	オーストリアがナポレオン（仏:Napoléon Bonaparte）に敗れイタリアにヴェネツィアを割譲。ミラノの放棄とオーストリア領ネーデルランドを喪失
1797	（697〜）ヴェネツィア共和国がナポレオンに降伏
1800	ナポレオンがグラン・サン・ベルナール峠越えライン川西岸をフランスに併合。
1804 – 1815	ナポレオン（1世）皇帝在位
1848 – 1916	フランツ・ヨーゼフ1世（墺: Franz Josef I）オーストリア＝ハンガリー帝国皇帝在位
1854	セメリンク鉄道（墺: Semmeringbahn）開通
1860	ニースとサヴォワのフランスへの割譲
1861 – 1878	ヴィットリオ・エマヌエーレ2世（伊: Vittorio Emanuele II）イタリア王国在位
1865	スエズ運河開通
1866	ジーメンス（独: Ernst Werner von Siemens）が発電機を発明
1866	普墺（プロイセン・オーストリア）戦争
1870 – 1871	普仏（プロイセン・フランス）戦争
1871	プロイセン中心のドイツ帝国成立
1874 – 1937	マルコーニ（伊: G. Marconi）による無線通信
1876	ベル（米: G. Bell）電話器を発明
1886	ベンツ（独: K. F. Benz）ガソリン自動車特許取得
1889	パリ万国博覧会開催（エッフェル塔新設）
1903	ライト兄弟（米: W. & O. Wrights）有人動力飛行に初めて成功
1914 – 1918	第一次世界大戦
1919	ヴェルサイユ条約締結
1923	フランスによるルール地方占領
1929	世界大恐慌始まる
1933	ヒトラーが政権を握る

1936	チューリング（英：A. Turing）が現代のディジタル計算機の原理である理想機械チューリング・マシンを発表
1936 - 1939	スペイン内戦
1939 - 1945	第二次世界大戦
1947 - 1975	フランコの独裁政治
1950	シューマン宣言（自発的な国家連合の歩み始まる）
1989	ベルリンの壁崩壊（11 月 9 日）
1990	東西ドイツ統一（10 月）
1990	バーナーズ＝リー（英：T .J. Berners-Lee）が World Wide Web を提案。ハイパーテキスト・システムを実装開発
1992	マーストリヒト条約（欧州連合条約）12 か国調印
1998	欧州中央銀行（ECB）創設。
1999	ユーロ発足。
2007	サブプライム問題（アメリカ）
2008	リーマン・ブラザーズ破綻（アメリカ）
2009	ギリシャ発欧州債務危機
2014	欧州連合（EU）条約 28 か国参加
2015	ユーロ圏 19 か国

DA QUESTA LOGGIA
IL 7 MARZO 1867
GARIBALDI
PARLAVA AL POPOLO VICENTINO
INVOCANDO
ROMA CAPITALE D' ITALIA
IL COMUNE
MDCCCC

ガリバルディの碑（ヴィチェンツァ）　（p. 112 参照）

II 夢の実現の記録

1 イタリア中部旅行

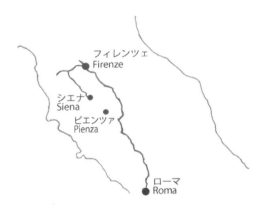

1 イタリア中部旅行 （2010年4月～5月）

コース：ローマ Roma→ピエンツァ Pienza→シエナ Siena→
フィレンツェ Firenze

1.1 動機

　娘夫妻がローマからフランスへ旅行するというので、ちょうど3月に定年になったことでもあり、便乗することにした。ただ、トスカーナとフィレンツェには前から訪れてみたいと思っていたので、ローマ見物が終わってからは別行動にすることにした。

1.2 ローマ

ローマ案内

　言うまでもなく、現在の共和政イタリアの首都であり、いにしえにはローマ帝国の首都で「すべての道はローマに通ず」と言われたものである。また、キリスト教カソリックの総本山ヴァティカン市国 Vatican があることでも知られている。

　ローマはテヴェレ川 Fiume Tevere のほとりに発展した都市である。テヴェレ川はジグザグ状に折れ曲がりながら（北の「く」の字の南に「右向きのく」が続く形で）流れており、パラティーノの丘 Monte Palatino などの七つの丘があちこち点在した起伏に富んだ地形を造り出している。表玄関であるテルミニ駅 Stazione Termini はローマの東側に位置している。なお、フィウミチーノ Fiumicino 国際空港（Leonardo Da Vinci 空港とも言う）は郊外30kmのところにある。

　ローマの中心は、テヴェレ川の東側（左岸）にあり、「く」の東に位置するヴェネツィア広場 Piazza Venezia とヴィットリオ・エマヌエーレ2世の巨大な記念堂 Monuménto a Vittorio Emanuele II （ヴィットリアーノと略称される）で、付近にはカンピドーリオ広場 Piazza del Campidoglio もある。

　ヴェネツィア広場から、北へはコルソ通り Via del Corso がまっすぐに伸びてポポロ広場 Piazza del Popolo に至る。その付近には、ピンチョの丘 Monte Pincio やボルゲーゼ公園 Villa Borghese と博物館 Museo e Galleria Borghese の緑豊かなところだ。途中の東側には、トレヴィの泉 Fontana di Trevi があり、また直交するコンドッティ通り Via del Condotti の先にはスペイン広場 Piazza

36

di Spagna およびスペイン階段がある。

　また、ヴェネツィア広場から、北西にヴィットリオ・エマヌエーレ２世通りを辿ると、テヴェレ川の「く」の字の屈曲点の西（右岸）に位置するヴァティカン市国、サン・ピエトロ大聖堂 Basilica di San Pietro とその広場 Piazza San Pietro、およびサンタンジェロ城 Castel Sant'Angelo に達する。上記二つの通りの間には、パンテオン Pantheon や噴水で有名なナヴォーナ広場 Piazza Navona がある。

　また、ヴェネツィア広場から南東の向きにはフォーリ・インペリアーリ通り Via dei Fori Imperiali がありコロッセオ Colosseo に至る。この通りと「右向きのく」の字の屈曲点の間には、フォロ・ロマーノ Foro Romano、　コンスタンティヌス帝の凱旋門 Arco di Constantino、パラティーノの丘など古代ローマを偲ばせる多くの遺跡が残っている。

　テヴェレ川の「右向きのくの字」の屈曲点すぐ東側には映画『ローマの休日』でオードリー・ヘプバーン扮する王女がグレゴリー・ペック扮する新聞記者に一杯食わされた真実の口 Bocca della Verità がある。その屈曲点西側はトラステヴェレ Trastevere 地域で、その北はジャニコロの丘 Monte Gianicolo である。

　ローマ南部では、カラカッラ浴場 Terme di Caracalla の遺跡で風呂好きな古代ローマ人達を実感し、さらにサン・セバスティアーノ門 Porta di San Sebastiano をくぐり、アッピア旧街道 Via Appia Antica をサン・カッリストのカタコンベ Catacombe di San Callisto（初期のキリスト教徒の地下墓地）などへと辿れば、いにしえのローマを偲ぶことができる。

永遠の都ローマ

　ローマには、帝国時代の遺跡（コロッセオ、フォロ・ロマーノ、パンテオン、カラカッラ浴場）が街の中央にあり、中世末期から近代の夜明けの時代に建てられた教会（サン・ピエトロ大聖堂、ほか）、美術館（ヴァティカンの美術館、ボルゲーゼ美術館）、広場（ポポロ広場、スペイン広場、ナヴォーナ広場、トレヴィの泉）が街中のあちこちに散在し、それらの中に、近代から現代のものとしてヴィットリーノや商店街がある。このように、いにしえから現代までの多彩な建造物が街中に溢れている街はローマをおいて他には無い。永遠の都ローマと呼ばれる所為であろう。このローマを舞台装置として活用した映画『ローマの休日』によって、我々はローマを訪れる前から既に馴染みの感覚を脳裏に植え付けられている。しかし、現実にあちこちを訪れ、この目で建造物や絵画・彫刻を見て、泉の水音と人々のざわめきを耳にして初めて、この永遠の都

を味わい楽しみ、感嘆することができる。

ローマには余りに沢山の過去からの遺物が溢れているので、とても全部を紹介できるものではない。ここでは、幾つかの特に印象に残ったものについてだけ記すことにする。

おかっぱ刈りの松

まず、ローマで筆者の目についたものは、松である。作曲家レスピーギ Respighi のローマ三部作の一つに『ローマの松 I pini di Roma』という交響曲があるが、背の高い「おかっぱ刈り」の松が多く目についた。「おかっぱ刈り」とは、第二次大戦後小学生の女の子達の頭髪が手のかかる長い髪ではなく、頭の横や後ろを短く刈った髪にしたものである。多分、戦後の物資や水が乏しく、「しらみ」の湧くおそれもある時代であった故、未だ飾る必要の無い年代の女の子達にはそのような姿がもっともふさわしいと社会は思っていたのであろう。目にしたローマの松はどれも、上方に伸びた枝先にだけ松葉が繁った形できのこ状、つまり「おかっぱ刈り」となっている。この松は、カラカサ松と言うのだそうだ。

パンテオン

パンテオンは、三角柱、直方体、円柱、および半球を組み合わせた形の建造物である。玄関部分は８本の列柱の上に破風状の三角柱が載るポルチコで、主要部は円柱の上に半球状のドームが載っている。ドームの丸天井は穴が空いたままの天窓なので、雨が建物内部の真ん中に降り注ぐ。この設計には度肝を抜かれた。我々がパンテオンを訪れた時は、雨上がりの後だったが、真ん中には小さい水たまりが出来ていた。パンテオン内部は集合墓所で、ラッファエッロやヴィットリオ・エマヌエーレ２世のお墓があった。

アッピア街道

ローマは、元々は城塞都市であったが、今は城壁は少ししか残って居ない。有名なアッピア街道は、南のサン・セバスティアーノ門から南方へと延びている。チェチーリア・メテッラの墓 Tomba di Cecilia Metella、サン・カッリストのカタコンベ、ドミネ・クォ・ヴァディス教会 Domine Quo Vadis?を訪れたが、伸び伸びと古代ローマの昔を偲ぶ良い小遠足であった。途中厳しく防護された塀を持つ大邸宅が並んでいるところもあり、イタリアの貧富の差の激しさを実感させられた。

ローマの道路

ローマの道路は、狭いまま片道通行の所が多く、帰りのバスの停留所を発見

するのにかなり戸惑うことが多い。石畳の道路とその上の激しい交通の故に、通りは騒音が耳障りである。信号が赤になると静寂になり、青に変わると潮騒のような騒音が始まる。

ミケランジェロは天才中の天才

サン・ピエトロ大聖堂とサン・ピエトロ広場の建立は2世紀に渉る歳月と、多くの天才、特にミケランジェロ Michelangelo とベルニーニ Bernini の独創性を必要とした。

ドームのデザインはミケランジェロのそれに基づくと言われている。彼は真に世界史における天才中の天才であった。

サン・ピエトロ大聖堂を入ったところにあるミケランジェロのピエタ Pieta は、処女マリアの同様なスタイルの表現が世にある中でずば抜けた傑作である。ピエタとは、キリストの母マリアが十字架から降ろされたキリストの遺骸を膝に載せた悲嘆の姿を表したものである。ヴァティカンにあるミケランジェロのピエタは聖母マリアの顔が若すぎるという印象を受けるが、それ故にこそ力なく横たわるキリストを膝の上に抱えたマリア、そしてこのピエタ全体の像の、清らかさ、初々しさ、神々しさ、そして、母として子を失った悲しさが、見る人に惻々と伝わってくる。マリアは少しも取り乱してはいない、その顔は悲しさに浸されているが、悲しみの中でそれを運命として耐えている姿に、我々は心打たれるのである。広いサン・ピエトロ大聖堂の中で、我々はこの神々しいまでのピエタを見るために、何度引き返したことだろう。まさに、傑作中の傑作である。

システィーナ礼拝堂 Cappella Sistina における『創世記 Gènesi』は、壮年期の彼の成熟した才能と充実したエネルギーを如実に感じられる天井画である。全体は幾つもの絵画から構成されている。天井画は見上げる形なので、全部を丹念に鑑賞している余裕は無いが、とりわけ『アダムの創造 Creazione di Adamo』は見事である。

『最後の審判 Giudìzio Universale』は、力感溢れるキリストが天国へ行くか地獄へ落ちるかの最終決定を下す場面を描いた青味を帯びた色彩の壁画で、彼の晩年の作品である。図中には、審判を受けた沢山の人物像が描かれているが、その描写内容を見ると、彼の人生への苦い思いが反映しているように思われた。

サン・ピエトロ大聖堂

ヴァティカン Vatican は、サン・ピエトロ大寺院の建立のために免罪符まで

発行して財政の窮状を補うことが必要となった。その結果ルター達の反感を買い、宗教改革運動さらにはプロテスタントの分裂までを引きおこしてしまった。

そこで、法王達は、ミケランジェロ、ラッファエッロ Raffaello、ベルニーニと３人の天才を抱え込んで彼らに思う存分の仕事をさせ、それらの素晴らしい芸術作品を誇示することにより、信者からの寄進を集めやすくしたり、拝観料を収入源として当てるという方向転換をした（と言えるのではないだろうか）。

信者で無い者が教会内部を見ると

教会に入るときは、帽子を取るのが礼儀であり、被ったままの旅行者は帽子を取るように促される。郷に入れば郷に従え、ということで私も素直に帽子を取る。

教会内部は、かまぼこ型で天井が非常に高い。前方にある祭壇に向かい合って中心線に相当する部分には通路があり、信者のための座席列がその左右に分かれて幾重にも設置されている。パイプオルガンや説教台が作り付けになっている。

信者が僧職に１対１でプライベートな懺悔を行うための狭い個室が予め作り付けで幾つも用意されている教会が多い。告白者側のボックスと聴聞者側のボックスは向かい合っており、話が漏れないように閉じた狭い空間を構成している。告白にはいろいろ重ねてきた悪行を聞いて貰ってトラウマから脱する働きがあると思われるが、告白の内容はまさに個人情報の塊である。告白者と聴聞者のマッチングは旨くとれるのだろうか？　教会では聴聞者をどのように育てるのであろうか？

教会の内部は、墓所を兼ねているところも多い。頭蓋骨あるいは頭蓋骨マークの展示表示を時々目にする。あまり気持のよいものではないが、信者の方々にとってはどうなのであろうか？

教会の入口には必ず乞食が居る！

イタリアの教会の入り口には、必ずと言って良いほど、喜捨を求める賽銭箱を前に置いた乞食がいる。どういうことなのか？　教会は金持ち階級のためのものなのか？　まさか僧職にある人々がこの事態を知らないとはとても思えないが、彼らは具体的にどのような行動を取っていると弁明するのであろうか？

トイレの話

イタリアの駅のトイレには、便座が無い！　その理由は明らかで無いが、便座を付けても汚されて困る、ということなのかもしれない。もちろん便座が無くても、何とか用を足すことは可能だが、トイレットペーパーを厚めに積んでも冷たいことには変わりは無い。

　ホテルの客室のトイレは、シャワートイレが普及している日本とは違って、未だほとんどシャワートイレにお目にかかったことは無い。ビデが併置されているところは多いので、用を足した後、お尻を洗うのに仕方なくビデを利用したこともあるが、すべてが一体化されている温水シャワートイレの便利さには到底及ばない。海外旅行のたびに、日本のメーカーが温水シャワートイレを海外のホテルに売り込む余地は十分にあることを実感させられる。多分このような装置の存在がヨーロッパではあまり知られていないのではないかと思われる。メーカーの方々は、もっと大々的にその良さを宣伝して売り込んでもらいたいものである。

テルミニ駅の女スリ

　テルミニ駅はローマの終着駅として有名である。ヨーロッパの代表的な都市の駅はみな、これから先はもうレールはございませんという構造になっていて、改札口は存在しないので、誰でもプラットフォームに入ることができる。プラットフォームの高さは、日本の駅のそれと比べると格段に低いので、スーツケースを車内に持ち込む際には力が必要となる。どれ位低いか？　客車の乗り込み口はホームの高さであるが、車内の床は通常２段の階段上にある。それゆえ、スーツケースを車内に持ち込む際には瞬発力をフルに発揮して「エイ・ヤ！」と一気に引っ張り上げなければならない。それゆえに、年取ると海外旅行を諦める人もいるほどである。また、持ち込んだスーツケースを置く車内の場所も問題になる。スーツケース用の場所が車内の一角に予め用意されている車両は良いのだが、車両によっては６人用のコンパートメントまで持ち込むものもある。コンパートメント内の乗客が少ない場合は、スーツケースをそのまま自分の座席の傍らに置いておくことができるが、乗客が多くて混雑している場合は、背の低い日本人には届きにくい棚の上に両手を使ってスーツケースを持ち上げねばならないことになる。ローマからピエンツァに行くために、キウージ Chiusi 駅まで乗車した車両がまさにそういう構造の車両であった。

　テルミニ駅のプラットフォームからスーツケースを車両に引きあげようとしている時、同じ列車に乗り込む風をして手助けをしてくれた背の高い女性が我々のコンパートメントまで付いてきて、スーツケースを棚に上げるのを手伝

う振りをした。スーツケースは重く両手を使わざるを得ないので、その動作をしている間はウェイストポーチや着ている服のポケットへの気配りがおろそかになってしまう。その瞬間を彼女は狙っていたのである。そして、コンパートメントから直ぐ姿を消した。ピエンツァのホテルに着いてからウェイストポーチの収納物を調べると、プリペイドカードが無くなっていた。直ちに日本のカードの発行元に国際電話してその使用を無効にするよう依頼した。発行元からの電話で、次の旅行先のシエナで宿泊するホテルの名前とアドレスを告げた。シエナのホテルには、新しい番号のカードが待っていた。ほっと安心すると同時に、その確実な対応振りには驚嘆したものである。

1.3　ピエンツァ
緑の田園に囲まれた都市：ピエンツァ

オルチャ渓谷の眺め

　キウージ駅からタクシーでピエンツァに向かう。この辺りはなだらかな丘陵地帯で、城塞に囲まれた都市が遠くに見かけられる。

　ピエンツァと言ってもご存じの無い方も多いと思われるが、15世紀法王ピウス2世が計画し作られた小さな都市で、城壁からは眼下にオルチャ渓谷 Val d'Orcia に広がる麦畑の風景が眺められ素晴らしい。ピエンツァとオルチャ渓谷はともに世界遺産に指定されている。我々はピエンツァ城塞内にある広場やピッコロミニ宮 Palazzo Piccolomini、陶器の工房などを訪れたあと、城塞の上からオルチャ渓谷に広がる広大な農村を眺めてトスカーナの風景を楽しんだ。

1.4　シエナ
中世における姿をそのままの残す都市：シエナ

　ピエンツァからシエナへはバスで、糸杉を直列に沢山並べて農地の境界とする丘を幾つも巡っていく。

シエナでは、カンポ広場 Piazza di Campo に近いソプラのバンキ通り Banchi di Sopra 沿いのホテルに２晩宿泊した。ホテルからは、幾重にも交差する細い路地やアーケードを通り抜けて、世界一美しい広場といわれるカンポ広場に達する。正面にプッブリコ宮 Palazzo Pubblico、その左にマンジャの塔 Torre del Mangia がそびえている。

シエナのドゥオーモ

　広場はやや傾斜があり、多くの観光客は完全に寝そべった形で空や周りの建物を見上げている。マンジャの塔に登ると、眼下に扇形のカンポ広場が、そして周りにはシエナ市街の煉瓦色の瓦屋根の高さも統一された美しい家並みが広がっているのが見える。宮殿内部の市立美術館 Museo Civico ではシモーネ・マルティーニ Simone Martini などシエナ派の絵画が展示されている。さらに市街を奥に辿ると、横縞模様のドゥオーモが我々を出迎えてくれる。このドゥオーモの派手で豪壮な美しさはフィレンツェの花の聖母教会のドゥオーモにひけをとらないものだ。

1.5　フィレンツェ
フィレンツェ案内

　フィレンツェは、アルノ Arno 川のほとりに、ルネッサンスの時代に銀行業で大成功したメディチ家が、ブルネッレスキ Brunelleschi やミケランジェロなどの大芸術家達を保護育成することにより作り上げた都市である。現在は、ブランド物、皮革、金銀、貴石、紙などの各種工芸品の細工の一大センターで、ショッピング・ゾーンとしてはトルナブオーニ通り Via de' Tornabuoni が著名である。

　中心となる鉄道駅はサンタ・マリア・ノヴェッラ駅で、同じ名前の教会 Santa Maria Novella に近接している。その東には、メディチ家の名前を反映した建造物としては、メディチ家礼拝堂 Cappelle Medicee やメディチ・リッカルディ宮 Palazzo Medici-Riccardi がある。また、それより北側には、見逃せない美術館として、アッカデミア美術館 Galleria dell' Accademia やサン・マルコ美術館

Museo di San Marco などがある。

　フィレンツェの中心となる教会は、ブルネッレスキによるドゥオーモ（花の聖母教会サンタ・マリア・デル・フィオーレ大聖堂 Santa Maria del Fiore）であり、洗礼堂 Battistero、ジョットの鐘楼 Campanile di Giotto が傍らに集結している。そこから南にアルノ川の方向に辿ると、シニョーリア広場 Piazza della Signoria があり、その周りは、彫像が立ち並ぶランツィのロッジア Loggia dei Lanzi や塔が聳えるいかついヴェッキオ宮 Palazzo Vecchio に取り囲まれ、さらに美術の宝庫ウッフィツィ美術館 Galleria degli Uffizi へと連なっている。アルノ川をヴェッキオ橋 Ponte Vecchio で対岸に渡ると、ピッティ宮 Palazzo Pitti があり、内部にはパラティーナ美術館 Galleria Palatina やその他の美術館が、奥にはボーボリ庭園 Giardino di Boboli がある。

ジョットの鐘楼からみた花の聖母教会のクーポラ

　アルノ川の上流（東側）の右岸にはサンタ・クローチェ教会 Santa Croce があり、ミケランジェロ、ガリレオ・ガリレイや無線通信の開拓者マルコーニ Marconi の墓所となっている。また、左岸にはミケランジェロ広場 Piazzale Michelangelo があり、対岸に展開するフィレンツェの絶好の展望台となっている。

芸術の宝庫：フィレンツェ

　シエナからフィレンツェへはバスで行く。フィレンツェでは、トルナブオーニ通り沿いにあるホテルに5泊した。以下に感銘を受けた絵画とその絵を所蔵している美術館について簡単に言及する。

　『ヴィーナスの誕生』と『春』　（ウッフィツィ美術館）

　『ヴィーナスの誕生 Nascita di Venere』と『春 Primavera』どちらもルネッサンスの劈頭を飾る名画である。どちらも題材は、ギリシャ神話から取っているので、描かれている内容は説明できるものではない。『ヴィーナスの誕生』における貝の上に立つヴィーナスは、ジョルジョーネ Giorgione の『眠れるヴ

ィーナス Venere dormiente』や同じ構図を取るティツィアーノ Tiziano の『ウルビーノのヴィーナス Venere di Urbino』がベッドに横たわって豊満な裸体を惜しげも無く晒し誘惑しているのに比べて、ボッティチェッリのこの作品は未だ世間を知らぬ純な表情だが恥じらいの姿態は自然に備わっているところがこの絵を耽美的で詩的なものにしている。『春』も、豪華絢爛たる画面だが、図中の『三美神の踊り』における姿態の美しいこと！ とりわけ、三美神の頭上で絡めた手のポーズの美しさ！ 最近提携する会社のトップどうしが腕を曲げて互いの手を重ねるポーズの写真がよく新聞に掲載されるが、少しはこの絵に見習って貰いたい、と思うのは言い過ぎだろうか。

　ウッフィツィ美術館は、単に有名絵画を所蔵しているだけでなく、西欧において芸術がどのように進化してきたのかが判るように、つまり、ルネッサンスにおける芸術の主題がどのように中世におけるキリスト教の制約下から解放されたか、が判るように、展示と説明に工夫がなされているという感銘を受けた。日本語のオーディオガイドもある。

ウッフィツィ美術館

『椅子の聖母子』
（パラティーナ美術館）
　この円形の画縁の中に描かれたラッファエッロの絵『椅子の聖母子 Madonna della Seggiola』は、マリア様に気品があり実にまとまりの良い優雅な名画である。画面中、椅子に腰掛けたマリア様（左）が膝の上の幼子キリスト（右）を腕に抱いたポーズであるが、それを横から見た構図である。マリア様の顔はキリストの頭に傾き接しており、両者の視線はこちら向きである。特にマリア様のこちらをじっと見すえている目が印象的であった。この絵を見て、ラッファエッロの絵は単に優雅さだけではないのだ、という感銘を受けた。

　フラ・アンジェリコの『受胎告知』　（サン・マルコ寺院）
　天使が聖母に懐妊を告げる場面を絵にしたもので、多くの画家によって描かれてきた題材であるが、フラ・アンジェリコ Fra Angelico の原画は清純無垢な透明感にあふれた絵で、見飽きることの無い傑作である。何しろその色彩が素

晴らしく、フレスコ画でなければ出せない色調であろう。美術館ショップで絵はがきを購入したかったのだが、どの絵はがきを見ても原画の色彩を正確に反映したものが無く、残念ながら諦めざるを得なかった。

ミケランジェロの『ダヴィデ』　　（アッカデミア美術館）

このダヴィデ Davide の彫像は、ミケランジェロが創造したもう一つの有名な彫像であり、身体全体の理想的なプロポーションやその（ミケランジェロの好きな）引き締まった筋肉表現と美しい顔立ちが強い印象を与える傑作である。左手から肩、背中にかけて投石器を提げているのが裏に廻ると分かる。この像はダヴィデがゴリアテに石を投げつける直前のポーズで、緊張感はあるがやや動的なところが感じられないような気がしないでもない。

遭遇した日本出身の石細工店女主人

我が家の外国土産の展示コーナーには、フィレンツェ土産が二つ飾ってある。一つは、写真展示用の台の上に置かれた、縦10cm、横40cm、厚さ5cm位の石盤である。この石盤は、切り口がつややかに磨かれた自然石の切断面で、焦げ茶と明るい薄い茶色の２色からなっている。焦げ茶色で表された水平線あるいは城壁の上の古城の城郭や塔が、薄茶色の空を背景にしてくっきりと浮かび上がっている。周辺部分もベースとなる部分と同色で連続して囲まれており、自然石をみがき出した結果があたかも古城を描いた一幅の絵を見ているような印象を与えている。見方によっては、摩天楼の乱立する都市のシルエットをはるか遠方から眺めた図のようでもある。もう一つは貴石細工の絵で、メルフェンに出てくるような小屋を表している。

これら二つは、フィレンツェのとある石細工店に立ち寄ったときに購入したものである。その店の女主人は日本人であった。作品が気に入ったのはもちろんであるが、異国でイタリア人の夫と舅と一緒に商店を経営して活躍している日本人女性の健気な姿を見て、思わず感動買いをしたのである。もちろん、彼女は、我々のために値段を安くしてくれたし、関税免除のための書類を作ってフィレンツェ空港での手続きを詳しく教えてくれた。

フィレンツェ土産の石盤

フィレンツェでは、通りがかった日本人女性にも助けられたことがある。トルナブオーニ通りにはグッジなどの高級ショッ

プが並んでいるのだが、我々が予約したホテルは店と店の間にある入口の奥に
あり、その入口には特にホテル名は表示されていなかった。ホテルの位置が判
らずまごまごしていた時、彼女がホテルのアドレスから入り口を見つけてくれ
たのである。彼女は、イタリア語を習得するために毎日学校に通っているとい
う話であった。

1.6　本イタリア旅行の総括的印象

　ヨーロッパでは、ほとんどが石造建築であるので中世からの遺跡が街中至る
所に残存していて、いわば過去との繋がりが保たれた中で日常生活が行われて
いる。これは、一面うらやましいことではあるが、逆に言えば過去からの拘束
の下に暮らすことでもある。

　イタリアにおいては、至る所に芸術的な作品があり、それらはもちろん立派
で十分魅力的なものである。ただ、どこに行っても、教会、磔刑 crocifissióne
（「たくけい」と読む。十字架にかけられたキリスト）の像、そして、聖母子
Madonna con Bambino の絵画と彫像、ばかりが溢れている。どうしてこうも題
材に偏りがある（あった）のか？　我々日本人には理解できないところである。

　この疑問は、我々がキリスト教の思想の基本になじみが無いという事実に起
因するのかもしれないが、日本人の精神における無宗教性あるいは様々な宗教
の混在に対する許容性にもその原因があるのかもしれないと思った。日本では
もともと八百万の神のような自然に対する尊崇の念があり、また寺院の庭や神
社の境内（鎮守の森）には自然が当然備わっているべきものという無意識的意
識に基づいているのかもしれない。

　シエナでわれわれは、植物と自然に満たされたシエナ大学植物園に偶然遭遇
して、その中に身を浸すことができた。この時われわれは、キリスト教が強制
している中世的堅苦しさの束縛から解放され、感情がリフレッシュされていく
のを身をもって体験したのである。

II　夢の実現の記録

2　スイス旅行

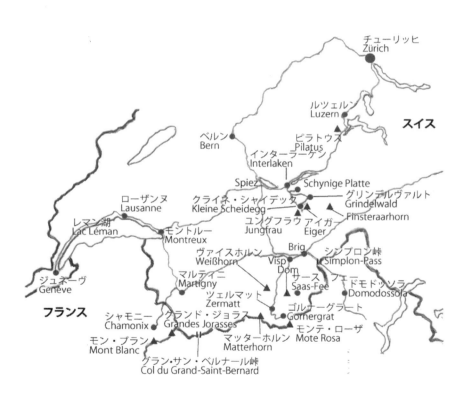

2　スイス旅行　（2010 年 6 月〜7 月）

コース：　グリンデルヴァルト **Grindelwald**→ツェルマット **Zermatt**
　　　　　→サース・フェー **Saas-Fee**→シャモニー・モン・ブラン
　　　　　Chamonix Mont Blanc→（ジュネーヴ **Genève**→）
　　　　　ローザンヌ **Lausanne**→ルツェルン **Luzern**

2.1　アルプスへの憧れの実現

　スイスアルプスは若い頃からの憧れの山々であった。岩と氷に囲まれた4000m を越える山々を対象としたアクロバティックな冒険的登山の記述と写真とは、どんなにか我々の精神に血沸き肉躍る思いを与えてきたことだろう。ついに、青年時代からの夢を実現する機会がやって来たのだ。この年令に成っては冒険はできないが、本物のアルプスを心ゆくまで愛でる絶好の機会だ。二度とは無いかもしれぬ貴重な機会だからと、アイガー **Eiger** とユングフラウ**Jungfrau**、マッターホルン **Matterhorn**、モン・ブラン **Mont Branc** の 3 大名峰巡りを中心に据えて、レマン湖 **Lac Léman** の畔に出たあとはルツェルンに寄りピラトゥス **Pilatus** 山もついでに登ろう、という計画を立てた。スーツケースの他に、リュックサック、登山靴、ストック 2 本、（残雪上の滑り防止に）スノー・ラケット、サングラス、防寒具を用意した。私達は興奮し小躍りする気持で、成田からスイス国際航空の直行便でチューリッヒ **Zürich** 空港へと飛んだ。

2.2　グリンデルヴァルト

ベルナー・オーバーラント案内

　首都ベルン **Bern** の後ろに聳えるアルプス地方をベルナー・オーバーラント**Berner Oberland** と呼ぶ。その中心となる 3 名山が、アイガー **Eiger**（3970m）、メンヒ **Mönch**（4107m）、ユングフラウ **Jungfrau**（4158m）である。ユングフラウからはアルプスで一番長大なアレッチ氷河 **Aletschgletscher**（世界自然遺産）が流れ出ている。なお、ベルナー・オーバーランド地方の最高峰はフィンスターアールホルン **Finsteraarhorn**（4274m）である。

　チューリッヒ国際空港からベルンを経由して、トゥーン湖 **Thunersee** とブリエンツ湖 **Brienzersee** の間にある都市インターラーケン **Interlaken** の東 **Ost**駅から、私鉄の BOB 鉄道 **Berner-Oberland-Bahn** に乗る。途中、ツヴァイリュ

ッチーネン Zweilütschinen でラウターブルンネン Lauterbrunnen へ行く路線と分かれ、グリンデルヴァルトに着く。

岩山が迫るグリンデルヴァルト

グリンデルヴァルトの来訪者は、見上げるように間近く迫るアイガー東尾根 Östlichgrat と北壁 Nordwand、ヴェッターホルン Wetterhorn とその間にあるミッテンベルク Mittenberg の大岩壁の迫力に圧倒され、アルプスの基地の街に来たのだということを実感する。グリンデルヴァルトの街自体はそう大きくないが、まだ俗化していない気持ちの良い街である。日本人が経営する日本語観光案内所 Japanese Information Bureau も駅のそばにあり、相談に乗ってくれるので心強い。Coop などのスーパーもある。これらの生協は、夕飯を安く済ませようという人や、お腹の調子が良くない人には大変役立つ店である。我々の予約したホテルは駅の直ぐ横にあるので、ベースキャンプとして大変好都合であった。巻頭写真は部屋のバルコニーから早朝撮影したものである。

３山を堪能するロープホルンとミューレン

ロープホルン Lobhorn を最初に訪れたのは、いきなりユングフラウヨッホ Jungfraujoch に行って高山病になることのないように、というアルプス慣れした友達のアドヴァイスに従ったからである。ここは、ラウターブルンネンまで戻り、イーゼンフルーIsenfluh までバス、それからズルヴァルト Sulrwald までケーブルを利用し、それからロープホルン・ヒュッテまで歩いて登る。日本人にはあまり知られていない所だが、アイガーーメンヒーユングフラウの、いわゆるベルナー・オーバーラント三山を眺めながらの楽しいハイキングだ。ラウターブルンネンへ戻ったあとは、ミューレン Mürren まで行き、ユングフラウの懐の末端に属する超巨大な岩壁を眺めて過ごした。

ユングフラウヨッホ

グリンデルヴァルトから列車でクライネ・シャイデック Kleine Scheidegg に行き、ユングフラウ鉄道に乗り換えて、アイガーグレッチャーEigergletscher 駅、アイガーの胴体を刳り抜いたトンネル（途中、北壁に窓を付けたアイガーバント Eigerwand 駅がある）を抜けて、終点ユングフラウヨッホに辿り着く。駅はトンネルの中にある。列車を降り、氷のトンネルの中を上の雪原に出る。ここからはユングフラウが雄大に聳えているのが見える。戻って今度はエレベーターでスフィンクス・テラス Sphinx Terassen に上り、外に出ると、メンヒヨッホヒュッテに行くルートが雪上に付けられている。我々も少し歩いてみた。比較的なだらかな雪原で、向こうには シュレックホルン Schreckhorn

（4078m）のぎざぎざした山並みが見える。この雪原がアレッチ氷河の始まりなのである。ただ、文明の利器のお陰でこのような高所に苦労なしで上がって来ても、それほど感激するものではない。昨日のロープホルン行きが効果を発揮したのか、高山病の気配は何も無く済んだ。

北壁の下のトレッキング：アイガー・トレイル

ユングフラウヨッホからアイガーグレッチャー駅まで戻り、登山電車を下りる。

駅から右手の丘に登ると、木造のあまり大きくない山小屋があった。この小屋は、槇有恒さんがアイガー東尾根の初登攀（1921 年）に成功した後、東尾根上の宿泊用山小屋として寄贈したミッテルレギ小屋であるが、古くなったのでここに移築・保存されているものである。アイガーの東尾根は、グリンデルヴァルトからだと頂上から城塞のように張り出しているのが印象的であるが、実際はカミソリの刃のような極端に幅の狭い尾根である。NHK 放送のグレート・サミッツ番組のアイガー編において、ガイドがディレクターに「絶対に躓（つまず）かないように」と言っていたのが今も記憶に残っている。この東尾根はアイガーの頂上に連なっている。頂上から真下は黒々と陽の当たることの無いえぐれたような絶壁となっているのがアルプスの三大北壁の一つとして有名なアイガー北壁である。

これから辿ろうとするアイガー・トレイル Eiger Trail は、その北壁の基部の下をアルピグレン Alpiglen まで辿るトレッキングコースである。未だ 6 月なので、槇さんの小屋から降りていく辿り始めの辺りにはコース上に雪が残っている。こんな所で足を滑らせて捻挫しては、後の旅行を続けられなくなる。そこで、東京の山岳運動具店で勧められたスノー・ラケット（輪かんじきのようなもの）を両足の山靴の下に装着し、両手のストックを使って常時片手両足あるいは両手片足を接地しておく、いわゆる三点確保の形で慎重に斜面をそろそろと降りて行く。難場を通り過ぎたあとは、小さな尾根を乗り越えると、1938 年ヘックマイヤーHeckmair 等4

アイガー北壁初登攀ルートを示す立て札

人による北壁の初登攀ルートを示す表示板が立っていた。我々もリュックを降ろして、北壁のルートを目で追う。さらに北壁の景観を堪能しながら歩を進めると、北壁の雪解け水を集めた滝に出会う。スリルと景観に富んだ面白いコースであった。

天上の楽園：シーニゲ・プラッテとフィルストのバッハアルプゼー

シーニゲ・プラッテ Schynige Platte に行くには、グリンデルヴァルトからインターラーケンの方向にヴィルダースヴィル Wilderswil まで戻り、そこから登山電車で急な斜面を登って行く。機関車と車両内のベンチは共に最初から傾斜配置されている。

シーニゲ・プラッテからは、ベルナー・オーバーラント三山は、メンリッヒェン Männlichen の山を手前下に置いた形となり、少し遠方に後退する。その代わりに、ベルナー・オーバーラント連峰がグルッと見渡せる位置であり、素晴らしいパノラマを提供してくれる。一昨日に登ったロープホルンなどのカール（氷河が削ったあとの丸い圏谷）もよく見える。駅

シーニゲ・プラッテへの登山列車

の側には高山植物園もあるが、むしろファールホルン Faulhorn (2681m) への縦走路を少し歩いた先の方がはるかに見応えがある。あたり一帯は黄色い高山植物が咲いている緑のカーペットで、ところどころにそびえる小さな岩峰と相まって、絵のような美しさである。インターラーケン側はスパッと切れ落ちた断崖で、はるか下には麓のインターラーケンとそれを挟んでいるトゥーン湖やブリエンツ湖の青い湖面が見え、さらに湖向こう側の丘陵まで見渡せる。

ここから、ファールホルン、バッハアルプゼーBachalpsee（ドイツ語では湖のことをゼーSeeと言う）を経由してフィルストFirstまで行くトレッキングに行く人々にも多く出会った。しかし、我々はストックをホテルに忘れてきたこと、途中は未知の道で時間的にたどり着けるか自信が無いことなどの理由であ

きらめて、グリンデルヴァルトに一度戻り、そこからゴンドラに乗り、フィルスト経由でバッハアルプゼーに行くことにした。

フィルストやその先の楽なハイキングコースを辿ったところにあるバッハアルプゼーからは、剛健そのものの岩山であるヴェッターホルンや、山頂にある二つの雪の目が気になったシュレックホルン、そしてさらに雲の間に間にフィンスターアールホルンの尖鋒までを見ることができた。フィルストに戻る途中の草原道では、マーモット marmot にも出会った。マーモットは、猫位の大きさの灰色をしたほ乳類の動物で、草原の斜面の穴を巣としている。

メンリッヒェンでの開山祭

メンリッヒェンは、アイガー、メンヒ、ユングフラウの三山を身近に眺めるには最適の丘である。グラント Grund（グリンデルヴァルトから１駅のところにある）からの長いリフトに乗って山駅にたどり着き、そこからなだらかではあるが山頂までは一汗かいて登る。ヴェンゲン Wengen 側からも上れるが、そちらは急傾斜の崖になって落ちている。山頂では素晴らしい眺めが待っていた。上に述べた三山だけでなく、ユングフラウから先に連なる初めて目にする山々、反対側には思いがけない断崖を持つ姿を晒している峰峰など、メンリッヒェンの位置と山岳展望台としての適度な高さがもたらしてくれる３６０度の展望は例えようもないものである。

私たちが訪れたのはちょうど山開きの催しが行われる日であった。ロッジの前の舞台では、まず３つのアルペンホーンの吹奏が行われ、長く荘重な調べが青い空に広がる。続いて民族衣装の男女のペアが幾つもヨーデルとアコーデオンの調べに乗って踊る。男達は白いシャツの上に黒か赤のチョッキを着ており、黒い長ズボン姿である。帽子はかぶっていない。女達も白いブラウスの上に黒い縁取りの付いた赤いチョッキに青や白のフレーヤの縞が付いた裾の広がったスカート姿で、白いソックスを履いている（裏表紙の写真を見られたい）。音楽と踊りは延々と続く。

ここからクライネ・シャイデックへのハイキングコースは、スカートをはいた女性も歩いている楽で広い道である。クライネ・シャイデックの駅を見下ろす辺りには池があり、アイガーの雄姿を池面に逆さまに写し出す。絵を描いたり写真を撮ったりするには絶好のスポットである。彼方の山腹の斜面には雪を防ぐための覆いがついた線路が左右に連なっており、時々横切る列車が見え隠れする。

グリンデルヴァルト、さらにはベルナー・オーバーラントの山々に別れを告

げる日にふさわしいコースであった。

2.3 ツェルマット
ヴァリス **Wallis** 地方の山々
グリンデルヴァルトからインターラーケンまで戻り、シュピーツ Spiez を経由し、カンデルシュテーク Kandersteg から長いトンネルを抜けるとブリーク Brig に着く。隣のフィスプ Visp からマッターホルン・ゴットハルト鉄道 Matterhorn Gotthard Bahn に乗り換えてツェルマット Zermatt へ向かう。

マッターホルンと不即不離の街：ツェルマット
ツェルマットは谷間の街で、ホテルの数の多いのには驚かされた。自動車の乗り入れを禁止しており、その代わりにホテルなど地元の人が使う公害のない電気自動車が走り回っている。朝晩には、山羊の集団が街中を散策する。

この観光地は、パラダイス Paradise という名前を付けるのがお好きなようで、ロートホルン Rothorn、スネガ Sunnegga、シュヴァルツゼーSchwarzsee、マッターホルン・グレーシャーMatterhorn Glacier のそれぞれの後にパラダイスを付けて地（帯）名としている。　我々は、ツェルマットをベースに、ロートホルン（3103m）往復、ゴルナーグラート Gornergrat（3089m）－ローテンボーデン Rotenboden－リッフェルゼー Riffelsee、マッターホルンに少しでも近くということでヘルンリ Hörnli 小屋へのトレッキング（天候悪化で引き返す）、マッターホルン・グレーシャー・パラダイスのクライン・マッターホルン Klein Matterhorn（3820m）などに脚を運んだ。

マッターホルンの展望台スネガ、だが乱開発が！
スネガ（2288m)はマッターホルンを眺めるのに最適な地点の一つとして知られている。マッターホルンには四つの山稜があり、四つの壁がある。単純化すれば、四角錐と考えてよい。通常四角錐を眺めるには、二つの壁が見えるように、一つの稜を前にした方向から眺めるのがよい。つまり、スイス側から見る場合には、やや左向きに、北東稜であるヘルンリ稜を正面にし、その左に東壁とリオン稜、その右に北壁とツムット稜、となるのが良いということになる。巻頭写真はゴルナーグラートへの登山電車中から撮影したものである。さらに、ウィンパーもその著『アルプス登攀記』に書いているように、山は麓からでなく、相対する山の中腹から眺めるときが、一番格好良く見える。スイス側からマッターホルンを眺める場合、これらの条件を満たすのがスネガ、あるいはもっと上のリッフェル湖、ということになる。

54

スネガへはツェルマットからケーブルカーを利用して上がることができる。我々はロートホルンの帰りにスネガで下車し、ツェルマットまで歩いて降りた。しかし、残念なことに、スネガは家族向けの施設や遊具が設置されるなど、自然破壊が進んでいた。

ヘルンリ小屋目指して

マッターホルンの頂上へ登るには一番容易なルート（「容易な」といってももちろん岩登りのかなり出来る人でなければ無理だが）として、ヘルンリ小屋経由（さらには、マッターホルンの肩にあるソルベイ小屋経由）のルートがある。われわれは、せめてヘルンリ小屋までは行ってみたいと、シュヴァルツゼーSchwarzsee から登り始めた。途中には、礼拝堂や、崖に鉄の杭を打ち込みその上に網を張って山道としたところがあり、さらに登ると、まだ時期は６月下旬なので雪があちこちに残っている。道標などは特に無いので、適当に踏み跡を辿っていく。少しずつ山道らしさが増す。その内、辺りの視界は効かず、雷鳴が鳴り、あられが吹き付けてきたので退却を決意し、少し戻るとうそのように天候が収まった。結局ヘルンリ小屋に達する山稜のどの辺りの高さまで登ったのかは分からなかったが、頂上から手前に落ちているヘルンリ山稜が別の峰のように跳ね上がっているところまでは登ったのではないかと推測している。なお、グレート・サミッツ番組のマッターホルン編に収録されているのはヘルンリ小屋の上からの部分だけである。

ゴルナーグラート展望台からの眺め

ツェルマットからの登山電車でたどり着くゴルナーグラート Gornergrat 展望台からは、左にはミシャベル山群 Michabel Peaks、眼前にはゴルナー氷河 Gornergletscher を隔ててモンテ・ローザ Monte Rosa（4634m）の巨体、さらに右回りに辿ると、リスカム Liskamm（4527m）、ブライトホルン Breithorn（4164m）、それから一呼吸の空間を置いてテオドール氷河 Theodulgletscher の向こうにマッターホルン Matterhorn（4478m）の天に突き上げる岩峰、それからまた一呼吸の空間を置いてダン・ブランシュ Dent-Blanche（4357m）から始まりオーバー・ガーベルホルン Ober-Gabelhorn（4063m）、ツィナールロートホルン Zinalrothorn（4221m）、そして最遠方にヴァイスホルン Weißhorn（4505m）の美しい白いピラミッドと 4000m を超えた山々が連なる。まさに 360 度のパノラマである。しかしやはり、マッターホルンの孤峰が断然眼を引く存在であり、モンテ・ローザ、リスカム、ブライトホルンなど白銀の峰は迫力が今一つという感じが拭えない。その他の山は遠かったりする。

この中で触れておきたいのはヴァイスホルンで、世界で最も美しい山の一つと言う人もいる。掲載した写真は、コルナーグラートの展望台から望遠レンズで撮影したものである。この山は、ウィンパーとマッターホルンの初登を争ったチンダル Tyndall 教授が初登攀した山で、標高はマッターホルンよりも高い。1888 年にこの山に単独で登山して行方不明となったウィンクラーWinkler（初登攀者である彼の名が付けられた岩塔がドロミティにある）の遺体が 1956 年発見されたという記事が槇さんの書いた書物に記されている。「70 年近くたって氷河の末端に運び出されたのであった」と、その本の中の「氷河の話」で触れている。氷河は毎年少しずつ移動しているのである。

ヴァイスホルン

2.4　サース・フェーSaas-Fee
山々に原始の雰囲気残すサース・フェー

スイスアルプスに何回も足を運んでいる友人（高校山岳部で一緒だった）に、ツェルマットからシャモニーに行く途中、ロイカーバード Leukerbad で温泉に入る計画を話したら、山派の彼は笑って、「当然、サース・フェーに行くべきだよ」ということであった。4000m の山々が連なるミシャベル山群 Mischabel peaks には、純粋にスイス領内にある山の内では最高峰のドーム Dom（4545m）がある。

ツェルマットから鉄道でシュタルデン Stalden まで戻り、そこからバスでサース・フェーに入る。

サース・フェーの荒涼たる風景

ツェルマットはホテルの数が多すぎるという印象であったが、ここサース・フェーはもっと素朴で、一段と原始的な荒涼とした氷河の雰囲気が残っている。ここからは、ドームが眺められる。我々は、ロープウェーでフェルスキンFelskinn へ、さらに地下ケーブルカーでミッテルアラリン Mittelallalin の展望台に行き、氷河を上から眺めたり、レンクフルーLängfluh の展望台にリフトで行き、帰りの途中にあるシュピールボーデン Spielboden からは歩いて降り、ハイキングを楽しんだ。途中出会ったマーモットやアイベックス ibex をカメラに納めた。アイベックスは、ゴルナーグラートでも遠くに見かけたが、アルプスに住む体の大きな山羊で、ギザギザの付いたカールした角が見事である。

2.5　シャモニー
シャモニーへの行き方
　サース・フェーからフィスプ Visp まで戻り、シオン Sion を経由してマルティニ Martigny に着く。ここからは、北へ行きレマン湖の畔のモントルーMontreux に出るか、ナポレオンのアルプス越えを偲んでグラン・サン・ベルナール峠（瑞：Col du Grand-St- Bernard）に登ったり、イタリアへとトンネルを抜けることも可能である。アルプスの最高峰モン・ブランを訪れたい場合にはフランス領内にある麓の街シャモニー・モン・ブランへの路線を辿ることになる。途中駅でスイスからフランス領へと国境を越えることになるが、登山者や観光客の便宜を図ってスイスカードは有効に使える。列車がシャモニーに近くなると、乗客は皆そわそわして、窓からモン・ブラン山群を眺めるのに忙しい。

モン・ブランの街：シャモニー
　街の中心はソシュール広場 Place de Saussure で、モン・ブランの初登攀者であるバルマ Balmat とソシュールの像が建っている。モン・ブランの前面にはボゾン氷河 Glacier des Bossons がかかっている。日本人観光客と同席になったので、彼女が食べているチーズ・フォンデュ fondue の一部を御馳走になるが、やや塩辛かった。

　シャモニーの観光案内所 Office du Tourisme には、日本語がペラペラのブルガリア人のおばさんが居て、街の案内やトレッキングコースの残雪状況などに親切に相談に乗ってくれた。私は、マッターホルンのヘルンリ小屋へのコースで片方のストックを折っていたので、（日本人従業員が一人居ると）紹介してもらった登山用具店で購入した。

57

我々は、シャモニーをベースにして、1日目にブレヴァン le Brevent ―ラ・フレジェール La Flégère 、2日目にエギーユ・デュ・ミディ Aiguille du Midi ―エルブロンネル Herbronner 往復―プラン・ドゥ・レギーユ Plan de l'Aiguille ―モンタンヴェール le Montenvers、3日目にランデックス l'Index―ラック・ブラン Lac Blanc ―ラ・フレジェール、のハイキングを楽しんだ。1日目と3日目のコースは、モン・ブラン山塊とはシャモニーの谷をはさんで反対側（南側）にあるエギーユ・ルージュ Aiguilles Rouges 地域にあり、モン・ブランを眺めるハイキングである。

モン・ブラン空中見物

モン・ブラン観光のセールスポイントは、エギーユ・デュ・ミディの空中ケーブルに負っていると言っても過言ではない。このケーブルは、シャモニーからプラン・ドゥ・レギーユを経由して、エギーユ・デュ・ミディ岩峰上に設置された山駅に上がるのであるが、ほとんど支点となる鉄柱無しに済ませているのは驚異である。エギーユ・デュ・ミディ展望台

3連のキャビン

（3842m）からさらに渡るイタリア側の山駅エルブロンネル展望台（3462m）への空中ケーブルの3連のキャビンからは、モン・ブランのなだらかな円天井の山頂やダン・デュ・ジュアン Dent du Géant （巨人の歯）（4013m）やグランド・ジョラス Grandes Jorasses （4208m）の眺めとそれらを取り巻く氷河俯瞰を堪能できる。また、これらのケーブルからは眼下に、幾つもの登山隊が鋭く尖った雪稜や氷河の上を辿っているのを眼にすることができる。これは、ベルナー・オーバーラントやヴァリスの山では経験しなかったことであった。エルブロンネル展望台の上には、磔刑のキリスト十字架が飾られていた。

モン・ブラン見物の途中に出会った日本人ツアー添乗員

エルブロンネルへと辿る空中ケーブルで日本人ツアーグループに添乗している女性と同じキャビンに乗ることになった。この女性および彼女の案内しているグループとは、プラン・ドゥ・レギーユからモンタンヴェールへのハイキ

ング道、および、翌々日のエギーユ・ルージュ地域のトレッキング中にも出会った。例の添乗員女性は、我々２人のことが余程心配と見えて、一緒になる毎に、「気をつけてくださいねー」と我々に声をかけてくる。我々のどちらかが足でも挫いたりすることになれば、誰かに救助の連絡をお願いすることになる。今の場合、確かに日本人である彼女が近くに居る訳だから、頼られる第一の存在であることは間違いない。グループツアーを先導する彼女がグループ外の人まで助けなければならないとしたら大変な迷惑になる。我々は失敗の無いよう気を張って歩いた。

2.6　ローザンヌとレマン湖地方
坂の街：ローザンヌ

シャモニー・モン・ブランからジュネーヴへ出るにはバス（予約が必要）を利用する。ジュネーヴはレマン湖のほとりにあり、様々な国際機関があるが、アルプスの登山基地ではないので、素通りする。

レマン湖のほとりには、ローザンヌとモントルーMontreux もある。ローザンヌは、国際オリンピック協会 IOC の本部と博物館があり、またバレエを目指す者の登竜門である有名なコンクールが毎年行われる。ローザンヌは坂の街で、レマン湖畔からケーブルカーのような地下鉄が、鉄道駅、さらにはノートルダム大聖堂 Cathédrale Notre-Dame のある方向へと登って行く。

モントルーMontreux は、ジャズ・フェスティヴァルで有名である。また、中世に税関や牢獄として利用されたシヨン城 Château de Chillon はモントルーから歩いて 20 分位のところにある。

シヨン城とレマン湖

ローザンヌからモントルーは汽車で移動し、駅からシヨン城までは日差しの暑い中を歩いた。バイロン Byron が『シヨンの囚人 The Prisoner of Chillon』という詩に読んだ囚人の収容されていた部屋は石造りの牢獄であるが、城の屋上部分の渡り廊下は木でできているのでギーギー言わせながら歩いた。ローザンヌに戻るには、シヨン城の傍らにある舟乗り場から船に乗った。甲板から対岸のぶどう畑とそこに走る鉄道列車を眺めるのはすこぶる良い気分であった。１等のスイスパスだと甲板に出ることができるのである。

2.7　ルツェルン
モントルーからルツェルンへ

モントルーからルツェルンへは、スイス国鉄のゴールデンパス・パノラミック Golden Pass Panoramic 特急が走っている。ツヴァイジンメン Zweisimmen とインターラーケンで列車を乗り換えなければならないが、ツヴァイジンメンまでは名前の通り金色に塗られた列車で、我々は予め日焼け止めを顔や手に十分塗ってから、予約してあった列車最前の VIP 席に乗り込んだ。しかし、列車からの眺めは穏やかで、アルプスのすごい岩峰と氷河を見てきた我々にはいささか物足りない感じであった。

　ルツェルンは、フィアヴァルトシュテッタ湖 Vierwaldstättersee のほとりにある。八角形の塔と共に屋根付きの木造橋としてよく写真にも登場するカペル橋 Kapellbrücke は、橋の途中の屋根には何か所も板絵が架かっている。河畔に立つ白いイエズス教会 Jesuitenkirche は、内部が華やかで美しい。水の綺麗なロイス Reuß 川の畔で流れを眺めながら食事した。

ピラトゥス山

ピラトゥス山

　波止場から定期船に乗り、フィアヴァルトシュテッタ湖を渡って、ピラトゥス山 Pilatus（2132m）のふもとのアルプナハシュタット Alpnachstad に着く。ここの船は、レマン湖の船とは違って、スイスカードが有効ではない。ここから世界一急勾配と言われる登山電車に乗って山頂へ向かう。山の上からは、ものすごく急峻な断崖があちこち麓に向かって切れ落ちている。アルプスはかなり遠方なので、個々のピークを見極めるのは難しかった。

2.8　実感スイス旅行

アルプスの高山植物の花

　われわれがこの旅行を実行したのは、6月下旬から7月にかけての2週間である。幸いなことに、天候は安定して雨には出会わず、素晴らしい展望に恵まれた。また、山々に雪が豊富に残り、高山植物が一斉に咲き出す時期でもあった。エーデルヴァイス Edelweiß、アルペンローゼ Alpenrose、エンツィアン Enzian は、アルプスの3大名花である。残念ながら、今回の旅行ではエーデルヴァイ

スに出会うことは無かった。しかし、濃い青い色の筒状の花を咲かせるエンツィアンは、シーニゲ・プラッテの植物園などあちこちで見かけた。深紅色の花を一杯付けたアルペンローゼには、エギーユ・ルージュでお目にかかった。このほかにも、日本の山では見たことの無い沢山の種類の花に巡り会うことができた。

スイスの山のすばらしさ

　最初に、グリンデルヴァルトを訪れることにしたのは成功であった。グリンデルヴァルトの周辺には人々に親しみやすい雰囲気の所が多々あるが、ツェルマット、モン・ブラン・シャモニーと進むに従って、山々は岩と氷河で厳しさを増して行く。それに、ウィンパーも『アルプス登攀記』に書いているように、ベルナー・オーバーラントは、アルプスの中でもおそらく、一番明るく輝きに満ちた新鮮な美しさにあふれている地域ではなかろうか。メンリッヒェンやシーニゲ・プラッテからの360度の展望は、予想外のもうけものであった。

　スイスには4000mを越える山々が何十となくある。また、登山鉄道やケーブル、ロープウェーの施設が完備しており、誰でも素晴らしい自然の景観を楽しめるようになっている。スイス国の観光に賭ける情熱と努力とは、行き届いた機能を提供しているスイスパスやライゼゲペック Reisegepäck（荷物運搬）（第Ⅲ部参照）の存在に象徴されているように思われる。ただ、スネガやピラトゥス山頂などに見られた、不必要と思われる施設の増加による自然破壊の進行は今後気になるところである。

II 夢の実現の記録

3 オーストリア東部・中部旅行

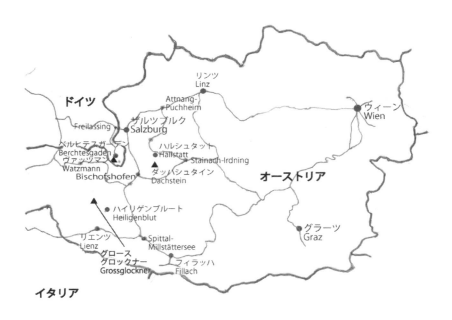

3 オーストリア東部・中部旅行（2011 年 9 月）

コース： ウィーン Wien→ザルツプルク Salzburg（ベルヒテスガーデン
Berchtesgaden 往復を含む）→ハルシュタット Hallstatt→
リエンツ Lienz→ウィーン

3.1 馴染み深いオーストリア

　私が高校生のころ、トニー・ザイラーToni Sailer が冬季オリンピックで初め
て、滑降、回転、大回転の3種目で1位を獲得し、彼が3冠王のスキーヤーと
して、そしてそれと共にオーストリア・スキー術がスキー術の主流として、脚
光を浴びた時期があった。また、音楽に関する事柄では、オーストリアの首都
ウィーンは永くクラシック音楽の中心地として数々の作曲家や音楽家が活躍
した舞台であり、ザルツブルクは大好きなモーツァルト生誕の地である。と言
うことで、スイス旅行の次は、オーストリア旅行ということになった。

　オーストリアは、東はハンガリーとの国境のノイジートラー湖 Neusiedler
See から西はドイツやスイスとの国境のボーデン湖 Bodensee まで東西に長い
領土であり、現在は小国になってしまったが、その昔、神聖ローマ帝国 das
Heilige Römische Reich は中世以来広大な領土を維持していた。ヨーロッパに
君臨していたハプスブルク家 Haus Habsburg の薫陶を受けて、音楽、絵画、文
学、建築などの芸術、洗練された料理や菓子などの分野で、現在も我々を楽し
ませてくれる。

3.2 ウィーン
ウィーン案内

　　ウィーンは、ドナウ運河 Donaukanal の畔に花開いた都である。中心部の
旧市街の周りには昔城壁があり、オスマントルコによる包囲をもしのぐことが
出来た。フランツ・ヨーゼフ1世 Frantz Josef I の時代になってから、もう必
要ない時代に変わったということで城壁は撤去され、環状道路リング Ring と
して整備された。

　リングの内側の中心に南塔がそそり立つシュテファン大寺院 Stephansdom
があり、その前がシュテファン広場 Stephan Platz となっている。リングの南端
に近く面した国立オペラ座 Staatsoper の横をシュテファン広場に北上する通
りはケルントナー通り Kärntner Straße、シュテファン広場から北西へ延びるグ

63

ラーベン通り Graben Straße、その先を王宮へと導くコールマルクト通り Kohlmarkt Straße は、いずれも繁華街で歩行者天国となっている。コールマルクトの先がミヒャエル広場 Michaelerplatz で、ハプスブルク家の王宮 Hofburg に面している。王宮は、皇帝の部屋 Kaiserappartements とシシィ博物館 Sisimuseum、スペイン乗馬学校、王宮宝物館 Schatzkammer、その他の建物があり、リングとの間は庭園になっている。

グラーベン通り

　リングの外側には、リングに面した西側に、美術史博物館 Kunsthistorisches Museum、自然史博物館 Naturhistorisches Museum、国会議事堂 Parlament、市庁舎 Rathaus、（リングの内側だが）市庁舎の向かいにブルク劇場 Burgtheater、ウィーン大学 Universität Wien、ヴォティーフ教会 Votivkirche などがあるので、リングを走る路面電車の窓から見てまわることができる。また東側には、市立公園 Stadtpark があり、音楽家達の銅像が点在している。美術史博物館と自然史博物館の間にあるマリア・テレジア Maria Theresia 像の向こうにはレオポルド美術館 Leopold Museum などからなるミュージアムクォーター Museumquartier がある。

　南のカールスプラッツ Karlsplatz の近くには、西にセセッション Secession、南にカールス教会 Karlskirche、東に楽友協会 Musikverein がある。楽友協会で催されるニューイヤーコンサート Das Neujahrskonzert は毎年テレビで中継されるので、お馴染みの方も多いと思う。

　リングの外の南東直ぐのところにあるベルヴェデーレ宮殿上宮 Oberes Belvedere には、オーストリア美術館 Österreichische Galerie があり、グスタフ・クリムト Gustav Klimt の『接吻 Der Kuss』やエゴン・シーレ Egon Schiele の『死と乙女 Tot und Mädchen』などをはじめとする傑作の宝庫である。

　建築家フンダートヴァッサー Fundertwasser が設計したクンストハウスウィーン Kunst Haus Wien や市営住宅 Fundertwasserhaus は東にあり、日本の味気ない住宅公団住宅とは外見も内部も随分違い、一見の価値がある。

　リングからもっと離れた地帯に目を移そう。

映画『第三の男』での大観覧車 Riesenrad で有名なプラーター公園 Praterpark は、東のドナウ運河とドナウ川との間にある。有名なシェーンブルン宮殿 Schloß Schönbrunn はウィーンの南西にあり、その庭園は広大で動物園まである。また、ベートーヴェン Beethoven ゆかりの地ハイリゲンシュタット Heiligenstadt は、ウィーンの北の外れにある。

シェーンブルン宮殿の庭園

ウィーン：夢の街

成田からはオーストリア航空を利用し、空港からタクシーでウィーン中心部に向かった。

ウィーンでは、シュテファン大寺院のそばにあるシュテファン広場から少し路地を入ったカイザーリンエリザベートを宿とした。ホテルの名前にするだけあって、ロビーには、シシィ（エリザベートの愛称）の等身大写真が飾られている。ここを基点（旅行の初めの５泊、ウィーンに戻ってきた帰りに２泊）として、ウィーンの名所をあちこち見物した。

ブリューゲル、クリムト、および、エゴン・シーレ

美術史美術館では、ピーター・ブリューゲル Pieter Bruegel de Oude の『雪中の狩人達 Jäger in Schnee』『バベルの塔 Turmbau von Babel』『村の結婚式 Bauern-hochzeit』『子供の遊び Kinderspiele』などの絵画を鑑賞することができる。16 世紀にこれらの素材を絵画の対象として取り上げた、時代を離れたその先駆性に驚かされる。

オーストリア美術館では、グスタフ・クリムトのコーナーがあり、彼の多くの絵画が展示されている。彼の描く裸婦の白い肌は、単色ではなく薄い青や桃色のパッチと組み合わされた独特の色彩で生めかしい雰囲気を醸し出している。彼の絵には、種々のシンボルで飾り立てられたものもあり、有名な『接吻』もそうである。接吻する側の男性が茶色で地味な色彩で描かれているのに対して、される側の女性は絵の中心的存在で、「フニャ」というような受け身の表情で黄金のタイルをちりばめ貼り合わせて飾り立てられた衣装をまとっている。ちなみに、ウィーンのショップでこの『接吻』で缶の表面を飾った小さな

紅茶缶を見つけたので、お土産として幾つか購入した。

　他方、エゴン・シーレの描く人物は、茶色を主な色彩とする異様にごつごつした像として描かれており、その迫力に満ちた画像は一度見たら忘れられないものである。人物像だけでなく、樹木や建物を描いたものもある。彼は 28 才で夭折しているが、長生きしていたら画風はどんな変化をしていただろうと惜しまれる。

マックス・オッペンハイマーの描いたオーケストラの絵

　オーケストラを描いた絵画は意外と少ない。オーストリア美術館の階段のところで見たマックス・オッペンハイマー Max Oppenheimer の描いた絵は、やや荒削りだが、白熱した演奏の雰囲気を伝えるだけの力があるという感銘を受けた。記念にとカードをオペラ座博物館ショップで探したが、売られてはいなかった。ところが、帰国後にネットで検索してみたら直ぐ見つかった（読者の方々は、「オッペンハイマー」と「オーケストラ」をキーワードとして画像検索してみてほしい）。画面の中央の指揮者は、グスタフ・マーラーであろう。

ウィーン市立公園の音楽家像

　ウィーンには幾つもの銅像がある。女帝マリア・テレジア（その銅像がある場所は前に述べた）は、当時のヨーロッパの諸外国の王室と子供達を結婚させ姻戚関係をつくることにより、政治的な安定を作りだそうとした。末娘のマリー・アントワネット Marie Antoinette は、フランスのルイ 16 世 Louis XVI と結婚し、フランス革命により悲劇的な生涯を閉じることになったのはあまりに有名である。

　ウィーンでは、モーツァルトは特別扱いされているようで、ト音記号の花園を前にしたその凛々しい姿の銅像はリング内側のブルク公園の目立つところにある（ちなみに、シュテファン大寺院の脇では、日本人とみると、モーツァルトのオペラの客引きが寄ってくる）。モーツァルトに比べると、ベートーヴェンの銅像はそのいかつい姿の故か、リングの外側のやや地味な場所に置かれている。市立公園には、ヨハン・シュトラウス 2 世 Johann Strauss II の黄金色に輝く銅像が、アーチに囲まれた台の上でヴァイオリンを弾いている姿で我々を迎えてくれる。ちょうど我々が訪れたとき、その像はアーチから外されてオリンピックの表彰台のような台の上に置かれていたので、中国からの観光客が入れ替わり立ち替わりヨハンの横でポーズを取って写真撮影をしていた。なお、市立公園には、シューベルト Schubert とブルックナー Bruckner の銅像もある。

トルテとウィーナー・シュニッツェル

　ウィーンは、歴代のハプスブルク家の皇帝のお膝元だけあって、洗練された円やかな味覚の食品が多い。ここでは、いずれも有名なものだが、トルテ Torte とウィーナー・シュニッツェル Wiener Schnitzel を挙げよう。

　余談だが、我々はヨーロッパ旅行中は昼飯を取らない。宿泊するホテルはビュッフェ形式の朝食なので、朝食はたっぷり食べることができる。昼飯抜きでも結構活動を継続することは可能である。これにより、昼飯を取るための店を探す手間（と時間）、および食事の時間と費用とを節約することができる。

　それでも、あちこちを見学して回ると、３時頃になると、疲れが出てきててお腹が減り、動く力が無くなってくることがある。ウィーンの宮廷巡りでは宮殿の庭のカフェに入る誘惑に勝てなかった。入ってみると、目指すモーツァルト・トルテは一つしか残って居なかったので、それを家内に譲り、私はエステルハージ Esterházy（作曲家ハイドン Haydn の仕えた侯爵家の名）・トルテで満足せざるを得なかった。なお、日本に帰国する際には、お土産の一つに有名なザッハー・トルテ Sacher Torte とモーツァルト・クーゲルンを選んだ。後者は弾丸状のまん丸なチョコレートである。

　ウィーナー・シュニッツェルとは、ウィーン名物のカツレツで、薄く叩いて揚げた豚肉もそのころもの部分も薄く平たい。直径は 60cm 位あるだろうか、丸い巨大なカツである。その薄さゆえ、焼きはよく通っている。これをレタスなどの野菜サラダと一緒に食べるととてもおいしい。大きいので、注文は一つにして、真ん中で二つに分けて食べた（なお、大体ヨーロッパのレストランでの夕食に出される料理は、どれも日本人には分量が多過ぎるので、注文は一つにし、皿を余計にもらっておいて、二人で分けて食べるのがよい）。我々がウィーナー・シュニッツェルを食べたのは、シュテファン広場から遠くないフィグルミュラー Figlmüller という店である。地方の飲食店でウィーナー・シュニッツェルを注文したときは、満足できる味の物にはお目にかからなかった。やはり、本場のものに限るようである。

3.3　ザルツブルク
『サウンド・オブ・ミュージック』

　ザルツブルクというと、もちろん大好きな作曲家モーツァルトの生誕地だが、映画『サウンド・オブ・ミュージック The Sound of Music』の舞台でもある。あの映画の冒頭、上空から鳥瞰図のように撮影されたザルツカンマーグー

ト Salzkammergut の風景が連続する。そしてそれからカメラの視野は一つの丘の上にどんどん絞られて行き、僧院から抜け出してきたマリア（ジュリー・アンドリュース Julie Andrews）があのパセティックな『サウンド・オブ・ミュージック』の調べを歌い出す。あの映画に出てくる全ての歌の中で一番私の胸をキュンとさせる歌だ。ザルツカンマーグートは、ザルツブルクの近郊にある。ザルツブルクを、そしてザルツカンマーグートを訪れよう。私の胸は期待に膨らんだ。

モーツァルトの生まれた街：ザルツブルク Salzburg

ザルツァッハ Salzach 川（ドナウ川の支流のイン川の支流）の南側が旧市街Altstadt であるが、北側の新市街 Neustadt には、ミラベル宮殿 Schloß Mirabellとその庭園 Mirabellgarten、モーツァルトの住まい Mozart-Wohnhaus, カラヤンKarajan の生まれた家などがある。

川の南側である旧市街には、大司教の館レジデンツ Residenz、大聖堂 Dom、ホーエンザルツブルク要塞 Festung Hohensalzburg、メンヒスベルクMönchsberg、その岩山の下に掘られた祝祭劇場 Festspielhäuser、モーツァルトの生まれた家 Mozarts Geburtshaus などがある。

ザルツブルクでの滞在

ウィーンから鉄道を使って３時間ほどかけて、ザルツブルクに移動する。ザルツブルクでは、ベルヒテスガーデン見物やその後のハルシュタットへの移動を考えて、駅前のホテルに宿泊した。ここからザルツブルクの旧市街へは歩いて行ける距離である。天気が良い間にということで、大聖堂、大司教の住まいだったレジデンツ、ホーエンザルツブルク要塞を訪れ、メンヒスベルクの山上のレストランで要塞にあたる夕陽を見ながら夕食を取った。翌日は、（ドイツ領の）ベルヒテスガーデンに足を延ばした。その次の日は、雨の中を、ミラベル庭園、モーツァルトの生まれた家、祝祭劇場を訪れ、ザルツァッハ川の遊覧船にも乗った。ただ、ザルツブルク自体とその周辺をゆっくり味わう時間は十分取れなかったのは残念である。ザルツブルク音楽祭にも一度来てみたい。

ホーエンザルツブルク要塞－ザルツブルクで度肝を抜かれたこと

ホーエンザルツブルク要塞の内部には、マヨリカ Maiolica 焼きのタイル製の豪華な暖炉と黄金がちりばめられた大司教の居間や、拷問具の部屋、塔上の展望台などがある。要塞内には、幾つもの大砲が下向きに、つまり住民の住んでいる市街地の方向に向けて設置されているのには度肝を抜かれた。これはつまり、大司教と住民とが敵対した場合に、大司教側が軍事的手段を用いて住民側

を強制的に圧迫し自分たちの意向に従わせるためのものである。高みにある要塞の麓には幾つもの教会が分散配置されているが、これらは要塞を守る形になっており、教会側の教えに反する活動をすることが如何にイエス様の教えに反することになるのかを示して、そのような活動が起こることを予め防ごうという魂胆である。中世においては、ザルツブルク大司教 Erzbischof von Salzburg は、ヨーロッパにおいてローマ法王に次ぐ権威と権力を有していたのである。ザルツとはドイツ語で塩のことであり、この地方で採れる岩塩から得られる収益は莫大な富を形成し、その権益を大司教が握っていたのであろう。麓（旧市街）にある大聖堂の内部には、他の都市の大聖堂でも見受けたことのないほどの夥しい数のパイプオルガンが設置されている。指揮者カラヤンの葬儀はここで行われた。

3.4 ベルヒテスガーデン
ケーニヒス湖

ベルヒテスガーデンは、ケーニヒス湖 Königssee を抱えるドイツの景勝地で、ドイツのアルペン街道 Alpen Straße の終点である。ミュンヘン München から行くよりもザルツブルクからの方がはるかに近いので、この際一緒に訪れようという計画であった。我々はザルツブルクからバスでベルヒテスガーデンに向かった。

ケーニヒス湖 Königssee は、ドイツ第2の高峰であるヴァッツマン Watzmann（2713m）の石灰石の巨大な岩壁の東麓にある南北に細長い湖で、周りは氷河が削ったU字谷である。遊覧船に乗っていくと、途中船を止めて右にそびえ立つヴァッツマンの岩壁に向かって船頭さんがトランペットを吹奏して、岩壁からの山彦を聞かせてくれる。さらに船が進むと、岩壁の手前に平らな陸地の

あるところに出た。赤い双頭の聖バルトロメー僧院 Saint Bartholomä が建っている。こんな山奥の寂しいところで修行をするのであろうか。湖の南端で船を下りて少し奥に行くと、さらに山深い美しい小さい湖ヒンター・ケーニヒス湖 Hinter-Königssee で行き止まり

となる。三方の山々を背景としたその清らかな美しさはとても印象的であった。

昼休み時間厳守のイエナー山ロープウェー

ケーニヒス湖から戻ってきてから、湖の東に聳えるイエナーJenner 山にロープウェーで登って、対岸からヴァッツマンの雄姿を眺め、ケーニヒス湖を見下ろす展望を楽しむ予定であった。ところが、このロープウェーの窓口の男は、昼休みは運休する規則であることを理由に、観光客が窓口に行列しているにも拘わらず、切符の販売を頑として拒み続けた。散々待たされた後で運転を再開したロープウェーに乗り、（山駅からさらに少し急坂を頑張って）イエナー山の頂上に登って初期の目的は達成された。

しかしこのおかげで、ベルヒテスガーデンからザルツブルクへその日の内に戻れるか怪しくなって来た。今朝ベルヒテスガーデンへはザルツブルクから直通のバスで来たのだが、ベルヒテスガーデン駅前のバス停で貼ってある時刻表を見ると、（その日は日曜だったので）その時刻では帰りのバスはもう無いことが分かり青くなった。我々と同様に、バスの時刻表を食い入って眺めている人々が他にも居た。台湾から来た若い新婚夫婦は今晩ザルツブルクが宿泊地だという。そこで我々も一緒に行動することにした。ザルツブルクへは、この時間帯では途中駅での列車乗り換えが必要である。我々は、迂闊にも、鉄道の路線図も時刻表も持っていなかった。不慣れな初めての土地で、日は暮れて、普段でも人口のまばらな地帯であり心細いこと夥しい。しかし、台湾から来た新婚夫婦は、我々よりも旅慣れしており、途中駅で時刻表を手に入れて、何度か列車乗り換えの結果、無事にザルツブルク駅まで導いてくれた。

ヨーロッパの駅では、列車の時刻表は掲示されているし、キオスク Kiosk が開いているときなら、頼むと貰える。ただし、最新版でない場合もあるので注意が必要である。駅に備え付けられた自動券売機に、出発駅と目的駅、時間帯を入力すると、利用可能な列車のリストを印刷することができるので、これが一番頼りになる。鉄道の路線図をあとで見たところ、ベルヒテスガーデンからFreilassing 駅で乗り換えてザルツブルクへ戻ったことが分かった。

3.5　ハルシュタット

ハルシュタット案内

ザルツブルクに来たからには、ザルツカンマーグートも是非訪れたいという願いがあった。しかし、あまり俗化しているところは御免だ、ということでハ

ルシュタットを選んだ。

　ザルツブルクからハルシュタットへ鉄道を使って行くには、ウィーン方向にアットナング－プッハイム Attnang-Puccheim 駅まで戻ってからシュタイナーハ・イルドニング Stainach-Irdning 行きに乗り換える。その途中にハルシュタットの駅があるが、駅の辺りには何もない。駅はハルシュタット湖 Hallstätter See の東岸にあり、街は西岸にある。列車を降りたら西方へ湖の船着き場に下りて、渡し船で湖を横切る。湖畔にあるハルシュタットの街は、世界一美しい街ともいわれている。かなり古くから開けた街で、世界遺産に登録されている。

石灰岩の山々と化石のお土産

　アルプスの峰々の内、石灰岩で構成されている山が思ったよりずっと多いな、と気がついたのは、ハルシュタットを訪れたときである。ベルヒテスガーデンにそびえるヴァッツマン、ハルシュタットのそばのダッハシュタイン Dachstein（2995m）など皆白い石灰岩の山である。さらにのちのことになるが、ガルミッシュ・パルテンキルヒェン Garmisch-Partenkirchen にそびえるツークシュピッツェ Zugspitze、ミッテンヴァルト Mittenwald のカールヴェンデルシュピッツェ Karwendelspitze、インスブルック Innsbruck のノルトケッテ Nordkette もそうであった。石灰岩からできている日本の山として思い浮かぶのは秩父の武甲山である。石灰岩の山は、いたるところ断崖絶壁があり、山としての迫力は相当なものである。ただ、山の色彩りとしては、コンクリートを思い出させるところがあり、今一歩だが。

　私たちはまず、クリッペンシュタイン Krippenstein に向かった。ダッハシュタイン山北面の広大なカルスト Karst 地形と氷河が展望できる所である。途中、重装備のカメラとノートパソコンまで担いでいる日本人写真家と一緒になった。彼と話をしながら、ファイヴ・フィンガーズ Five Fingers という、金網で覆われた支柱を断崖の上の空中に5本張り出した展望台があるところまで行く。フィンガーの先端まで行って、眼下に青いハルシュタット湖を見下ろす。戻っ

ダッハシュタイン山

71

て来る途中、ダッハシュタイン山にかかっていた雲がとれて手前のカルスト地形だけでなく北壁の氷河まで見ることができた。彼と別れたあと、大氷穴Rieseneishöhle の見物に行く（防寒具が不可欠）。案内人の解説はドイツ語だが、照らしだされる氷の世界は一見の価値がある。このあたりの山は皆石灰岩でできているので、鍾乳洞、氷穴、塩坑も多い。大昔は海底であった証拠であろう。地元で採れたアンモナイト ammonite やユズリハなどの化石もお土産として売られており、我々も手頃な値段のものを購入した。次の日は、ゴーザゥカム Gosaukamm 山の見物にツヴィーゼルアルム Zwieselalm にロープウェーで登り、そのあとゴーザゥ湖 Gosausee を訪れた。ダッハシュタイン山が湖面に逆さに写しだされる青い透明感のある美しい山中の湖である。

3.6 リエンツ
健康的な山岳都市：リエンツ

ハルシュタットからリエンツ Lienz に行くには、3回乗り換えなければならない。まず、ハルシュタット湖を船で渡って対岸の駅に戻る。そして、シュタイナーハ・イルドニング—ビショフスホーフェン Bischofshofen—シュピッタル・ミルシュテッターゼーSpittal-Millstättersee と乗り換えて、やっとリエンツに辿り着く。

リエンツは、オーストリアの中部にある、山々に囲まれた盆地の中にある健全な雰囲気に満ちた山岳都市である。オーストリアアルプスの最高峰グロースグロックナーGroßglockner（3798m）を目指す南側の起点である（北側のそれはツェル・アム・ゼーZell am See）。周囲には、リエンツァ・ドロミテンLienzer-dolomiten、シュライニッツ Schleinitz、カルスマトライ・テルルKars-Matreier Törl、ホーホショーバーHochschober などの山々があり、これらの山登りの基地として使える都市である。

ご覧になった方も多いと思うが、平成25年11月22日 NHK-BS で、世界一過酷なチームレースとして、ドロミテマン（ドロミテ鉄人レース）の放映があった。これは、リエンツ近郊の山岳と大空と河川を4人のチームで駆け巡るレースで、出発点とゴールはリエンツの広場である。レースは、トレースランニング—ハンググライダー—カヤック—マウンテンサイクリングの順に行われる。初参加の日本人チームは11位であった。
二方向から眺めたグロースグロックナー

NHK のディレクターが世界の高峰に登る姿を撮影した『グレート・サミッ

ツ』というテレビ番組があった。グロースグロックナーもその中の一回として、『聖なる山：グロースグロックナー』という表題で取り上げられた。ここでの「聖なる」という言葉は、山頂に掲げられた巨大な十字架、および、麓のハイリゲンブルート Heiligenbrut で毎夏行われるキリスト教の祭りを表象していると思われる。ハイリゲンブルートとは「聖なる血」という意味で、10 世紀の初め頃ビザンツ帝国に仕える役人がコンスタンティノープルからキリストの聖血を携えてこの地方を越える途中凍死してしまったのだが、その役人が持っていた聖血を納めた教会が設立されたのだという。

　リエンツからハイリゲンブルートへは途中の Winklern でバスを乗り換えて行くのだが、乗り換えのバスがなかなか来ず時間がかかった。ハイリゲンブルートからバスはグロースグロックナーの展望台のあるフランツ・ヨーゼフ・ヘーエ Franz-Josefs-Höhe まで登っていく。バスは途中同じ目的地を目指すモーターバイクの隊列にどんどん追い抜かれた。展望台からは、パステルツェ氷河 Pasterzen Kees の対岸に聳えるグロースグロックナーは雲が被っており、時々頂上が雲の間から姿を見せる。この氷河は、その奥に見える純白のアイスコーゲル Eiskogel を源としているようで、高みにある展望台を通り抜けていく風は、9 月のせいもあり、ものすごく寒い。展望台から氷河へケーブルカーでまっすぐ降りる。時期が秋のせいもあろうが、主に温暖化のせいで、このあたりには氷河はほとんど見当たらない。谷駅のところから谷底の川まで行く途中に、1960 年にはこの高さまで氷河があった、1980 年にはここまで、というような標識が立っている。我々の訪れたのは秋だったせいもあり、氷河は無く僅かな流れの川しかなかった。谷底から、我々はハイリゲンブルートまでを歩いて降りたのだが、川の流れに向かって右側にある道を辿ると水平道が続いておりなかなかハイリゲンブルートへの下りとならない。最後には林道となるのだが、この林道の傾斜がものすごく急で膝がガクガクになり、ペースがめっきり落ちてその日の最終バスに間に合うのか怪しくなってきた。だが、運良く上から降りてきた地元のおじさんが運転するボックスカーに乗せてもらい何とか間に合わせることができた。ベルヒテスガーデンの項にも記したが、外国で山に行くときは、十分に時間的余裕を取った計画にすることが大切である。地元のバスなどの交通機関は彼らの生活習慣に従って運行されているので、観光客のことなどは二の次である。

　翌日は、リエンツからタクシーを使ってカルスまで行き、そこからロープウェーでカルスーマトライ・テルル（峠）に上がった。ここから眺めのよい尾根

73

を辿る（このコースにはオイローパ・パノラマ道 Europa-Panoramaweg というやや大げさな名前が付いている）。昨日とはちょうど反対の方角（南西側）からグロースグロックナーの三角帽子の姿を眺めることになるが、やはりベーゴマのような端正なピラミッドであることは変わりが無い。マトライへは歩いて降りて、バスでリエンツに帰った。

　リエンツからは、フィラッハ Villach を経由し、世界遺産のセメリンク Semmering 鉄道を通過して、ウィーンへ戻った。

　なお、ハイリゲンブルートへの下りで発生した上記の膝の炎症は、その後のトレッキングにより倍加されたようで、日本に帰国後暫く外科通いが続くことになった。外科では、膝を挟んで上下に４つの電極を取り付け、筋肉が痙攣しない程度の強さで 10 分程低周波の通電をするのである。痛みの軽減と血行の促進の効果がある、ということであった。

3.7　オーストリアの印象

　オーストリアは、現在は大きな国ではないが、清潔で美しく人々は親切で食べ物は洗練されており、私の好きな国である。断崖で縁取られた険しい岩山が予想以上に多いのには驚かされた。オーストリアでは森林が国土の相当な面積を占め、鉄道駅では丸太を満載した貨車の列も目にした。最近の日本では見られないことである。この国の経済面での運営がどのように行われているのかは、日本にとっても参考になる関心事である。

ハルシュタット土産の化石

II 夢の実現の記録

4 ドイツ南部－
   オーストリア西部旅行

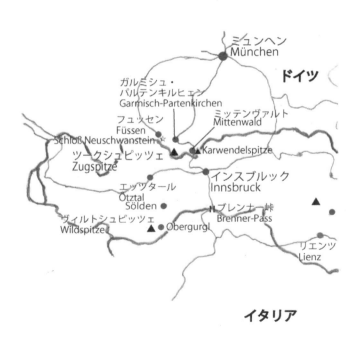

4 ドイツ南部－オーストリア西部旅行

（2013年6月～7月）

コース：ミュンヘン München（フュッセン Füssen 往復を含む）→
　　　　ガルミッシュ・パルテンキルヒェン Garmisch-Partenkirchen→
　　　　ミッテンヴァルト Mittenwald→インスブルック Innsbruck→
　　　　ゼルデン Sölden→インスブルック → ミュンヘン

4.1　地理

　ドイツは、大部分が平野であるが、バイエルン Bayern 地方の南端に至って初めてアルプスの姿に接することができる。フュッセン、ガルミッシュ・パルテンキルヒェン、ミッテンヴァルト、ベルヒテスガーデン Berchtesgaden などの都市を西から東へと結ぶアルペン街道 Alpen Straße は、ドイツアルプスの最高峰ツークシュピッツェ Zugspitze（2962m）やヴェッターシュタイン Wetterstein 山系に沿って延びている。

　バイエルン地方の州都ミュンヘンは、イーザル Isar 川のほとりに広がる大都市である。バイエルン王 König von Bayern ヴィッテルスバッハ家 Haus Wittelsbach が君臨していた名残りは、宮殿であったレジデンツ Residenz やニンフェンブルク城 Schloß Nymphenburg に見ることができる。また、ミュンヘンは、ドイツ連邦共和国 Bundesrepublik Deutschland の工業に対する熱心さの表徴であるドイツ博物館 Deutsches Museum や自動車産業の花形 BMW 本社の存在などドイツの産業技術の中心であるとともに、美術や音楽などの文化の中心都市でもある。毎年10月に行われるビールの祭典、オクトーバーフェスト Oktoberfest でも有名である。

　そして、ドイツアルプスの南にはオーストリアのティロール Tirol 地方がある。その中心となる都市インスブルックは、北方のノルトケッテ Nordkette 連峰を背景にドナウ川の支流であるイン Inn 川の南に広がる都市である。このティロール地方を訪れれば、前回と併せてオーストリアのかなりの部分を旅行したことになる。

　なお、ミュンヘンから鉄道でインスブルックに行くには、2通りの路線がある。一つは特急が通る幹線でクーフシュタイン Kufstein を経由するものだ。

もう一つは、シュタルンベルク湖 Starnberger See のそばを通り、ガルミッシュ・パルテンキルヒェンとミッテンヴァルトを経由していくローカル線である。後者は、モーツァルトやゲーテがイタリアに行く際に辿った昔からあるルートだが、鉄道は峠越えをするような感じで、車窓からは雄大な山々を眺めることができる。

レジデンツ

4.2　ミュンヘン

ミュンヘン案内

　ミュンヘンの中心はマリエン広場 Marienplatz である。広場の前には、新市庁舎 Neues Rathaus や、ペーター教会 Peterskirche がある。ペーター教会の塔からは広場と新市庁舎がよく見える。葱坊主のような頭を頂く塔を二つ持つ聖母教会 Frauenkirche は西に少し離れているが、よい目印となる。新市庁舎の東側の通りを北に辿ると、マクシミリアン通り Maximilianstraße に交差する。広場の向こうにはレジデンツ、右にはバイエルン州立歌劇場 Bayerische Staatsoper が堂々たる姿を見せている。

　マリエン広場から西に歩行者天国のノイハウザー通り Neuhauser Straße を辿り、カールス門 Karlstor をくぐると、噴水のあるカールス広場 Karlsplatz に出る。ミュンヘン中央駅 Hauptbahnhof はもう少し先だ。

　マリエン広場から東にタール通り Im Tal を辿り、イーザル門 Isartor をくぐり、さらに進むと、イーザル川 Fluss Isar にかかる橋に出る。この川の中州の島にドイツ博物館がある。

　カールス広場から北に辿ると、デューラー Dürer の絵で有名なアルテ・ピナコテーク Alte Pinakothek、印象派や青騎士派の絵画があるノイエ・ピナコテーク Neue Pinakothek などの美術館ゾーンがある。

　ミュンヘン北東の近くにあるイーザル川沿いの南北に長いイギリス庭園 Englisher Garten、および、それに相対して北西にやや離れて位置するニンフェンブルク城とその広大な庭園は、ともに訪れる価値の多い緑地帯である。

好感の持てる都市：ミュンヘン

ミュンヘン空港 Flughafen München は、ミュンヘンの北 30 km に位置している国際空港で、フランクフルト Frankfurt 空港と比べるとずっとこじんまりしている。この空港から S バーンの列車に乗って、ミュンヘンのマリエン広場の地下駅へ向かう。駅のインフォーメーションで宿泊するホテルの名前を言って地図を貰い地上に出るが、辺りのことがさっぱり分からない。当惑して地図を見ていると、老紳士が声をかけてくれて、ホテル前まで案内してくれた。彼は日本に行ったことがあるそうで、東京の巨大さには驚いたと言っていた。ホテルは、有名なホーフブロイハウス Hofbräuhaus の手前にあった。お礼を言い、握手して分かれた。

質実剛健なドイツ人

NHK のテレビに、『ユーロ 24』という語学番組があった。ドイツ、イタリア、フランス、スペイン、の 4 つの言語をそれぞれ、月曜から木曜までに振り分けて放送されるのだが、その番組の中で、他の国の国民性についての一般人の印象をインタヴューするシーンが出てくる。ドイツ人に対する他の国民の持つ印象としては、時間厳守、ルールを守る、地味、思索的などの字句が述べられていた。

身近にこれらを実感するのは街の交通である。ミュンヘンでは自転車道が歩道とは別に確保されており、信号も自転車使用者に対するものと歩行者に対するものとは別で、自転車ドライバーはその信号を忠実に守って行動している。

マクシミリアン通り、ノイハウザー通り、ヴァイン通り Weinstraße 辺りが、ミュンヘンで一番高級な街であろうが、店店の飾り付けや展示も他の国のそれと比べて派手ではない。

マリエン広場に面している新市庁舎は、建造が始まったのは 1867 年からだが、今も実際に使われている建物である。その塔の中程にある仕掛け時計は人形達が定時に鐘の音（グロッケンシュピール Glockenspiel）とともに動き出す。広場周辺にいる観光客は一斉にそれを見上げるのだが、その外観はやや薄汚れている。日本であったならもう少し綺麗にしようと言い出す人が必ず現れるところだが、こんな所にも体裁よりも実質を重んじるドイツ人の気質が表れている気がした。

ドイツ博物館

ドイツ博物館のことは聞き及びの方も多いであろう。上野の科学博物館など足下にも及ばない、ドイツ人の科学技術と教育に対する熱心さを反映した大き

な博物館である。展示されている分野は実に広範で、飛行機、宇宙、船から、楽器、さらには炭鉱にまで及び、自国で開発された科学技術に限ることは無い。各分野についても、広いスペースを使って、有り余るほど多様な展示を行っているので、展示物相互の結びつきや進歩の過程が分かるようになっている（たとえば、楽器の分野での、ハープやツィターと、ピアノとの関係など）。

私達も丸1日を割当てて広大な内部を見学した。中高校生くらいの学生が団体でも個人でも見に来ていた。展示された各々の分野では、時刻を決めての係員の方からの説明や実演、さらには教室を使った実験などまでがある。楽器の部屋では、女の子が展示されているピアノを弾く音が鳴り響いていたが、管理の人は大目にみているようであった。

飛行機や船に関する展示は、何階ものフロアをかけた壮大なものである。オットー・リリエンタール Otto Lilienthal の鳥の羽をまねた飛行の試みの説明、ライト兄弟 Wright Brothers の飛行機など、飛行の歴史における初期のものも網羅している。船に関しては、タイタニック号 Titanic の遭難に関する展示もある。地下の炭坑の展示では、延々と続く坑道には驚いた。おそらく他の科学博物館では見ることのできないものであろう。

科学博物館の役割とあり方について考えさせられる一日であった。

イギリス庭園のサーファー達

イギリス庭園は、中心部に大きな池があり、南部の入り口付近には日本の茶室や中国の塔もある。東南の一角では、イーザル川から引いた河水を絞ることにより流れを速めておき川底に起伏を設けて作り出した波で、サーフィンができるようになっている。口絵に掲載した写真を参照されたい。両岸にはサーフボードを抱えたサーファー達が行列を作り自分の順番が来るのを待っている。前の人のサーフィンが終ると、反対側の岸から、次のサーファーが飛び込む。上手な人は、波頭を何回も向きを変えて往復するが、最後には激流に身を投げるようにして終りにする。この施設には、科学技術の活用に熱心

イギリス公園のサーファー達

79

で創意に満ちたドイツらしいな、と感心させられた。

おもちゃ博物館

おもちゃ博物館 Spielzeugmuseum は（私は足が痛いので行かなかったが）、家内の話によると、様々な職業が人形を使って表現されているそうである。マイスターを尊重するドイツらしい話である。家内は理髪の人形写真を買ってきた。日本に帰ってから裏の説明をよく見たら、人形はパリで作られたと書いてあるのにビックリした。このようなユーモラスで垢抜けした人形は、しかつめらしいドイツ人には作れないのかもしれない。

大人気のホーフブロイハウス

夕食には、宿泊したホテルのすぐ裏手にある有名なホーフブロイハウスを4〜5回利用した。ホーフブロイとは、フランツ・ヨーゼフ Franz-Josef 皇帝から許されたビアホールで、ホーフ Hof は宮廷、ブロイ Bräu はビアホールと言う意味である。ここは客の出入りの多い大きな大衆酒場のような感じで、客達の話し声やウェイターの注文を取る声が溢れており、おまけに夕方には楽団の演奏も加わるので、とても騒がしい。新宿にあるビアホールのライオンを思い出した。あまりに騒がしいので、顔をしかめて出て行ってしまった中年のドイツ人のおばさんも見受けられた。客の食卓として使われている木の机はどれも、実験室にある机のようで、テーブルカバーの布も掛けないので、ナイフで削られた傷跡もそのまま見えている。メニューは無造作にＡ４の大きな紙にドイツ語で印刷されていて、質実剛健の本場のドイツらしさを示している。ドイツ語では分からないので、「英語のメニューを」と言うと持ってきてくれた。

ここの名物は、白ソーセージ Weißwurst で、巻頭写真にあるような器の中にお湯に浸された形で持って来る。器のふたにソーセージを取り出して、ナイフで皮を剥いで、適当な大きさに切り、一緒に持ってくる甘いジャムを入れた器に浸けて食する。この白ソーセージやサラダなどは、味付けはとても良く、値段も安い。

この店特製のビールも飲みやすく、5リットル入りのジョッキで堪能した。我々は、ビールだけでなくワインも好きである。「ワインも」と注文すると、リースリング Riesling を注いでくれた。上品な香りと心地よい甘みがあり、我々の好みにピッタリ合う白葡萄酒である。

なお、メイドさんが売り歩いているハート型の輪郭をした中空のパン（ブレーツェル Brezel）は塩辛く、日本人の口には合わない。

アルテ・ピナコテーク

　ミュンヘンの代表的な美術館には、アルテ・ピナコテーク、ノイエ・ピナコテーク、モダーン・ピナコテークがある。アルテ・ピナコテークには、デューラーの描いた絵画：『四人の使徒 Die vier Apostel』『自画像 Selbstbildnis im Pelzrock』『若者の肖像』などがある。前二つは非常に有名な絵画で、対象だけでなく対象自体の性格をも厳しく描出されているという印象を受ける。デューラーの描いた絵は実に厳しい、写真におけるように対象を現物に忠実に描く、しかしそれだけではなく、何か曖昧さの存在を許さないような強い厳格な精神をもって対象を見つめている、そういう感じが付きまとう。この美術館には無いが、彼はドイツ人の「メランコリア Melancholia」を画題とした絵画も描いている。メランコリーというと、ややもすると鬱と同義語と捉えやすいが、彼はもっと創造的な働きを表したかったのであろう。図中の人物はじっと頭の中で想いを凝らしているようで、傍らには多面体などの幾何図形も描かれている。総じて、彼の絵は、非常に理知的で、整っている。だが私には、整っていると同時にもっとくつろいだ暖かい感じの絵の方が合う。人間はいろいろ弱さも持っているが、それは当然のこととして許容してくれる絵の方が私には向いている。そのような絵があった。それは、ルーベンス Rubens が新婚時代の夫人と自分とを描いた絵画で、その夫人の部分だけを抜き出した絵がカードとして売店にあった。ルーベンスの夫人への愛情が画面に滲み出ているような絵である。この旅行に出発する前に、ある友人から、「アルテ・ピナコテークを訪れるのならば、一番気に入った絵のカードを美術館ショップで買ってきてほしい」という依頼を受けていた。お土産にしたのはこのカードである。

　ゴッホ Gogh やセザンヌ Cézanne など印象派 Impressionismus の幾つもの絵やゲーテの有名な肖像のあるノイエ・ピナコテークも訪れた。ここには、青騎士 der Blaue Reiter 派のカンディンスキー Kandinsky やクレー Klee の絵もあり、充実した内容となっている。

　これらの美術館はいずれも、日曜日には１ユーロを払えば入場できるので、観光客だけでなく現地の若い人達も訪れていた。

ニンフェンブルク城とその庭園

　ニンフェンブルク城庭園には、種々の建物も存在する。その内、われわれはアマリエンブルク Amarienburg と馬車博物館を訪れた。馬車博物館 Marstallmuseum にはルートヴィヒ２世 Ludwig II の使用した金細工の馬車や冬に雪道で用いるそりが展示されていた。

ヒトラー

われわれは、特にヒトラー Adolf Hitler のことは意識していなかったのだが、前回旅行したウィーンと（ザルツブルクに近い）ベルヒテスガーデン、および今回訪れたミュンヘンは、ヒトラーと縁の深い土地であった。

当時 19 世紀末のウィーンは、「黄金の世紀末ウィーン」と呼ばれるように、ホフマンスタール Hofmannsthal（リヒアルト・シュトラウス Richard Strauss と組んで、『バラの騎士 Der Rosenkavalier』など幾つもの歌劇を作詞した詩人）、ツヴァイク Zweig（『人類の星の時間 Sternstunden der Menschheit』『マゼラン Magellan : Der Mann und seine Tat』『マリー・アントワネット Marie Antoinette』など、歴史上の著名人や事件を面白く解説した文筆家）、クリムト Klimt（『接吻』などの華麗な絵画で有名な画家）、フロイド Floyd（精神病理学の開祖）など多士済々で、輝かしい文化の花が開いた。これらの人はすべてユダヤ人だった。ヒトラーは当時ウィーンの 2 区に住んでいた。売れない画家だったヒトラーは、これら脚光を浴びているユダヤ人に対する反感を募らせていたものと思われる。

いわゆる「ミュンヘン一揆 München Putsch」において、ヒトラーは先に述べたホーフブロイハウスの 2 階のホールを集会に利用した。権力を掌握した後、彼は、ベルヒテスガーデンのある山の上に山荘ケールシュタインハウス Kehlsteinhaus を作った。ミュンヘン北西には、ユダヤ人やナチスに反対する人々を収容したダッハウ強制収容所跡 KZ-Gedenkstätte Dachau があり、今も公開されている。

4.3　フュッセン

フュッセン案内

ロマンティック街道の終点であるフュッセンは、ノイシュヴァンシュタイン城 Schloß Neuschwanstein とホーエンシュヴァンガウ城 Schloß Hohenschwangau のあるシュヴァンガウ Schwangau を訪れるベースとなる都市で、ミュンヘンからも日帰りで往復できる。ノイシュヴァンシュタイン城は、ヴィスコンティの映画『ルートヴィヒ Ludwig』の主人公であるバイエルン王ルートヴィヒ 2 世が作った城で、ディズニーランドの中心にあるお城のモデルとも言われている。

ノイシュヴァンシュタイン城は世界的な人気

ノイシュヴァンシュタイン城見物は世界的に人気があるようで、麓のホーエ

ンシュヴァンガウにある切符売り場には西洋人の長い行列が出来ていた。不思議なことに日本人や東洋人はほとんど見かけなかった。お城は山の上にあるので、切符売り場で自分の見物時刻を定めてもらい、40分ほどかけて歩いて登る（有料の馬車で行くこともできる）。ヨーロッパではもちろん右側通行なので、人も馬車も道路の右側を登る。登り坂では、馬も気張るのか、道路の右側にはやたらと馬糞が散らかっている。それらを踏まないように気をつけながら、節約家の人々は歩いて登って行く。

　お城のゲートで指定された時刻が来るのを待つ。電光掲示板上にただいま扱い中のグループ番号が表示されている。遠くに見えるマリエン橋（橋の上にはこちらを見ているおおぜいの観光客の姿が見える）や御伽の国のようなお城の塔を眺めて過ごす。

　自分のグループの順番が来ると、案内の人に付き従って城の内部を廻る。内は薄暗くて、よく見えない部屋もある。写真撮影は禁止である。城の売店では日本語版の鮮明な写真が掲載されているガイドブックが売られていた。それによると、場所が場所だけに、城建造工事は困難を極め、谷に墜落して死んだ人も6人を数えたとのことである。

　マリエン橋 Marienbrücke には、我々は通常のコースである城から行くのではなく、（次に述べる）テーゲル山 Tegelberg からのトレッキングコースを下りてきて辿り着いたのだが、橋のまわりは絶壁となっており、大きな滝が落下している美しく見事な景色である。このような絶景スポットを背景に、時代を先取りした細身の城を夢想したルートヴィヒ2世の美的センスは、なかなかのものと言えるのではないだろうか。なお、よく見かける城の写真はこの橋上から撮影されたものである。

テーゲル山ロープウェーまでバスに乗せてくれた運転手

　ノイシュヴァンシュタイン城の見学を終えてから、さらに足を延ばして、ロープウェーでテーゲル山に登り、マリエン橋に歩いて降りるのが我々の予定のコースであった。ホーエンシュヴァンガウからロープウェー谷駅には少し距離がある。そこで、停まっているバスの運転手に訪ねたらあちらの方角だと指さしたのでその方向に歩いて少したったとき、先ほどのバスが追いかけてきて、「乗れ」という。回送バスだったのか、ロープウェー谷駅まで無料で乗せてくれた。

　これには後日談がある。翌々日、ミュンヘンからガルミッシュ・パルテンキルヒェンへと列車で移動し、ツークシュピッツェ登頂後、麓のホテルで宿泊、

83

さらに次の朝スーツケースをがらがら引きずりながら駅に向かった。驚いたことに、途中のバールから、「私はあなた方を覚えている。私はバス運転手だ」と声を掛けられた。その声の方向を見ると、バールの屋外に置かれた机の横に声の主が座っていて、ハンドルをぐるぐる回すジェスチュアをしている。家内は、気付かなかったのか、どんどん先に行ってしまうので、こちらは手を上げて「サンキュー・ヴェリーマッチ」と返答するのが精一杯であった。

　今回の旅行は、現地の人々に何回も助けてもらった旅行であった。初めてのミュンヘンでは、ホテルまで案内してくれた人もいたし、列車の自動券売機の操作でまごついているときに助けてくれた人もいた。旅行者である我々の年齢を見てか、それとも、現地の人々が日本（人）に対して普段感じている好意の現れであるのか、いずれかは分からないが、彼らの好意に対してもっと積極的に答える何らかの手段が必要と感じられた。

自転車登山とハンググライダー

　テーゲル山頂上から徒歩で下り始めたところで、石のごろごろした山道を下から自転車で登って来る若者に出会った。もちろんマウンテンバイクで、ヘルメットを装着している。徒歩で下っても３時間はかかるこの道を自転車で登るこの若者の脚力には驚かされた。

　ヨーロッパアルプスでハンググライダーが盛んなのに気がついたのは、最初のアルプス旅行のときであった。グリンデルヴァルトの駅のそばのホテルの部屋のバルコニーからやルツェルンで訪れたピラトゥス山の頂上付近でも空中に舞うハンググライダーを目にした。今回訪れたテーゲルベルク山の頂上でも、三角翼を背にして空中飛翔に飛び出す若者達がいた。空からそして色々な方角からアルプスを眺めるのはさぞかし素晴らしい体験であろう。映画『サウンド・オブ・ミュージック』の冒頭では空からザルツカンマーグートを見下ろし移動して行くシーンが暫く続くが、あのわくわくするような緊張感が味わえることだろう。ハンググライダーはもちろん素人ができる訳もないから、訓練を受けてから飛翔するのだろうが、風向きが変わって絶壁に叩きつけられたり、着地時に失敗して立木に激突したりする危険性を考えると、怖い話でもある。

4.4　ガルミッシュ・パルテンキルヒェン

ガルニ

　ガルミッシュ・パルテンキルヒェンは、冬季オリンピックの会場として有名

であるが、夏は閑散としている。ただ、ドイツの最高峰ツークシュピッツェ Zugspitze（2962m）を登頂するにはここから行くのがメインルートである。

　ミュンヘンから来ると駅の左手正面にあるバーンホフ通りを 10 分ほど辿り、ルートヴィヒ通りを左折して、予約したホテルに向かう。途中の道はやや複雑であり人に聞いたりしたが、何とか川沿いにあるホテルにたどり着く。このホテルは川側に庭園があり、ホテル内は女性の経営者らしい細やかな装飾に満ちている。夕食をとるレストランは併設されていないホテルのことを一般にガルニ Hotel garni と呼ぶが、建物入口にはガルニ部門で第 1 位になったことを示す額が誇らしげに掲げられていた。

ドイツの最高峰ツークシュピッツェに登る

　ツークシュピッツェへは、頂上の直ぐ隣の展望台まで文明の利器を利用して容易に行くことができる。ガルミッシュ・パルテンキルヒェン駅からバイエルン・ツークシュピッツェ登山鉄道 Bayerische Zugspitzbahnen に乗り、終点のツークシュピッツ・プラッツ Zugspitz-Platt でロープウェーGletscherbahn に乗り換えて山頂の展望台に上がる。周囲を圧してそびえ立つ岩峰であるから、周りの景色の素晴らしさは言うまでもない。南にはオーストリアアルプスの山々が見える。ツークシュピッツェ山頂、およびそこに登っている登山者達も目前に見えている。頂上に行くには、展望台から少し下って雪が少し残る急峻な岩場を鉄はしごで登る。頂上はナイフリッジ状の岩稜になっていた。

ツークシュピッツェ山頂への道

　展望台からの帰りは、すごい岩の断崖に架けられたアイプ湖ロープウェー Eibseeseilbahn を使ってアイプ湖に下った。

4.5　ミッテンヴァルト Mittenwald
ミッテンヴァルト案内

　ミッテンヴァルトは、ドイツとオーストリアとの国境の街である。家々の外壁には宗教的なフレスコ画が描かれている。街は、近くフラワーフェスティヴァルがあるので、いろいろな花で飾り立てられていた。駅の東側には、街は無く、カールヴェンデルシュピッツェ西峰 Westliche Karwendelspitze（2385m）の

巨大な岩峰が聳えている。街の中心の教会の後ろには、ヴァイオリン博物館 Geigebau-Museum がある。しかし、ヴァイオリン作りで有名な割には、それを題材としたお土産は何も見当たらなかったのは残念であった。

夕陽に燃えるカールヴェンデルシュピッツェ

我々は、今夜泊まるホテルに直行して荷物を置いてから、鉄道駅を挟んで街と反対側にあるロープウェーでカールヴェンデルシュピッツェを目指した。山駅から少し登ったところにベンチがあり、そこから岩壁の下を鎖頼りにカールヴェンデルシュピッツェ西峰に登って行く。一般向きではないが山に慣れた人ならば問題無いコースである。西峰山頂には十字架があり、アヴェックで来ていた登山者がいた。この辺りの山は、標高はそれほど高いわけではないが、石灰岩からなっているので白い肌をしている。到るところが絶壁なので気を許すわけにはいかない。下山後、ヴァイオリン博物館を訪問した後、先ほどのホテルの部屋に戻る。この部屋のバルコニーからは、登ってきたカールヴェンデルシュピッツェが真正面に見える。ホテルの予約時にカールヴェンデルシュピッツェの眺めの良い部屋をと希望しておいたのだ。先ほど乗ったロープウェーとその山駅も正面に見える。カールヴェンデルの主だった峰々の頂上には、十字架が光っている。バルコニーに置かれた椅子に座って、白いカールヴェンデルシュピッツェが夕日を浴びて赤くなり、太陽が沈んでコントラストを失うまでの２時間もの間、ビールを飲みながら飽かずに山を見続けた。

4.6　インスブルック

インスブルック案内

ミッテンヴァルトから、列車の進行方向右側の窓から谷や向こうに聳える山々の景色を眺めながらインスブルックへ降り着く。インスブルックは、オーストリアのティロール州の州都で、神聖ローマ帝国マクシミリアン１世が愛した都である。北側に聳えるノルトケッテ連峰が市内の到るところで背景として見える。例によって、周辺の観光地を見た後、エッツタール Ötztal（tal は谷）にも出かけて現地一泊で往復してから、朝早くの特急でミュンヘンに戻る予定なので、宿泊するホテルは駅前のものを予約しておいた。48 時間有効のインスブルック・カードを購入し、旧市街 Altstadt を見て回った。このカードは交通機関や名所に幅広く適用できるので、お勧めである。

インスブルック中央駅からまっすぐ大通りを進み、左手に凱旋門のある交差点で右折し、マリア・テレジア通り Maria-Teresien-Straße を進む。アンナ記念

柱 Annasäule を過ぎ、旧市街に入る。まず、市の塔 Stadtturm に上り、旧市街全体を見渡す。その後、塔から眼下に見えた黄金の小屋根 Goldenes Dachl の建物に入る。内部にはマクシミリアン博物館 Maximilianeum があり、皇帝ゆかりの品々や歴史に関する表示を眺める。それから、王宮 Hofburg を見学したが、あまり印象には残っていない。

宮廷教会内部

宮廷教会と大聖堂

宮廷教会 Hofkirche とティロール民族博物館 Tiroler Volkskunstmuseum とは融合した感じで隣り合っている。

宮廷教会は、15 世紀から 16 世紀にかけてハプスブルク家の礎を築いたマクシミリアン 1 世の霊廟が真ん中にあり、それを守護する沢山の騎士達の等身大のブロンズ像が中世の甲冑に身を固めて取り囲んでいるという、異様な雰囲気の教会である。強いて比較すれば、古墳時代の陵における主君の墓とそれを囲む埴輪群も、同様な思念から作られたものであろう。しかし、教会内部の中心を占める大きな霊廟とこれらの武骨な黒々とした騎士団の迫力は相当なもので、中世という時代の厳しさを偲ばせる衝撃的なものであった。

これに対して、王宮の裏にある大聖堂 Dom St-Jacob は、まばゆいバロック装飾の内陣は私の好みではないが、主祭壇上にあるクラーナハ Cranach 作の『救いの聖母』の聖母の表情が良く、絵はがきを購入するだけの価値があった。

ハーフェレカールへのケーブルカー

ノルトケッテ連峰のハーフェレカール Hafelekar に行くフンガーブルクバーン Hungerburgbahn という自動運転のケーブルカーは、王宮の北のコングレス前にある地下の駅が始発駅である。昨日は、旧

市街は見たがイン川は見なかったので、先ずイン橋に行き、そこから川沿いに上流方向に辿って出会った途中駅からケーブルカーに乗車する。このケーブルカーは、各駅のデザインが超モダーンの形をしているだけでなく、車両自体がユニークな構造となっている。車両全体は、乗客を収容する幾つかのキャビンの連なりと、外側のそれらのキャビンを別々に吊るして纏める一つの大きな弓なりのフレームからなっている。個々のキャビンは傾斜のあるところを登る際でも水平を保つので、谷側のキャビンの屋根の上にすぐ上のキャビンの視界が確保され、どのキャビンからもインスブルック平野にある宮殿やイン川、さらには向こうにあるジャンプ台や山の景色を楽しむことができる。このような構造のケーブルカーに乗ったのは初めての経験であった。

終点のフンガーブルクからノルトケッテバーン Nordkettenbahn という２区間のロープウェーに乗り継ぎ、終点からハーフェレカール山の頂上には歩いて少し登る。インスブルックの反対側は岩山が何重にも連なっていて壮観である。この辺りの登山道には山羊の糞が幾つも見受けられた。日本の山では動物の糞に出会うことは滅多にないが、ヨーロッパアルプスでは動物の糞の無い山路の方が珍しいと言える。もともと、アルプという言葉は、高原の放牧地という意味を表しているのだ。

ハーフェレカールから戻ってきてから、バスでアンブラス城 Schloß Ambras に行く。

OBB は QBB？

オーストリア国鉄 Österreichische Bundesbahnen の車両には OBB というマークが付いている。このＯの字にヒゲのような付加的装飾が付いているので、QBB と読めてしまう。QBB は、関西のバター会社が製品として出しているベビーチーズで、私が昼飯時に好んで食べているチーズである。ではここで問題。QBB は右から左に読むと BBQ となるが、これは何を表しているのだろうか？　　　（正解は、「バーベキュー」）

4.7　ゼルデン
エッツタール

インスブルックの南側にはシュトゥーバイタール Stubaital、エッツタール Ötztal、ピッツタール Pitztal、東にはツィラータール Zillertal などの谷がある。

エッツタールの中程にあるゼルデンは細長い都市で、ガイスラッハ・コーゲル Gaislacher Kogel （3056m）へのゴンドラがあり、ティーフェンバッハ・コーゲル Tiefenbach Kogel （3307m）に行くバスも出ている。また、さらに奥にはフェント Vent や、ホーエ・ムート

Hohe Mut の地元であるオーバーグルグル Obergurgl の村があり、ティロールの最高峰ヴィルトシュピッツェ Wildspitze （3770m）や、5300 年前のエッツィ Ötzi の遺体が 1991 年に発見されたジミラウン Similaun （3607m） などのイタリアとの国境の山々が聳えている。

ホーエ・ムート

ティロールのホテル

スーツケースをインスブルックのホテルに預けて、リュックサックだけを背負って、OBB に乗り、エッツタール駅で下車する。駅のそばの案内所でエッツタールカードを購入した。このカードがあれば、3 日間バスとロープウェーやリフトが乗り放題であるが、2 日間しか時間的余裕がない。初日は、バスでオーバーグルグルに行き、リフトでホーエ・ムートを往復したあとゼルデンまで戻り、その日の内にガイスラッハ・コーゲルまでロープウェーで往復しエッツタールを囲むティロールの山々を眺めた。翌日は、バスとロープウェーでティーフェンバッハ・コーゲルを往復し、ティロールにおける最高峰ヴィルトシュピッツェの氷河に覆われた山容を確認することができた。

　この辺りは到るところ、冬場は一大スキー場としてヨーロッパ中からスキーヤーを集めるところらしい。それに比べると、夏は宿泊客の数は少ないらしく、我々 2 人に割り当てられた部屋はバルコニー付きの 4 人部屋で気持ちのよい広々とした部屋であった。通常ヨーロッパのホテルの宿泊は（ビュッフェ形式、つまり日本で言うバイキングの形式の）朝食だけが付いているのが普通である。山地ではさらに夕食付きであることも多いが、それは山地では夕食を取るためのレストランがそばに無いからであろう。このホテルでの夕食は、ビュッフェ形式と選択形式（メインディッシュは、幾つかの候補の中から選択する）

とを折衷したものであった。ボーイさん達は、サーヴしたあと、ニッコリ笑って「エンジョイ！」と言ってその場を離れて行く。

4.8　ミュンヘンとインスブルックについて

　バイエルン地方は広いドイツ連邦共和国の一地方に過ぎないかもしれないが、ミュンヘンのあちこちを散策してその市街のあり方を知り、ドイツ博物館、イギリス庭園などでドイツ人の創意に触れることができたのは幸いであった。前回のオーストリア旅行で行くことのできなかったインスブルックとティロールにも足を延ばせたことに満足している。

左奥：ノイシュヴァンシュタイン城ガイドブック、
　　　　　　　　　　　右奥：ルートヴィヒ１世の美人画集

手前左から右に、
ゲーテの肖像、聖母子、ルーベンスの妻、四人の使徒（デューラー）、
　　（クラーナハ）　　　　　　　　　　　デューラーの自画像

II 夢の実現の記録

5 イタリア北部旅行

5　イタリア北部旅行

（2014 年 6 月～7 月）

コース：ミラノ Milano－クールマイユール Courmayeur－ミラノ－
　　　ヴェネツィア Venezia－コルティナ・ダンペッツォ Cortina d'Ampezzo－
　　　ヴェネツィア－パドヴァ Padova－ヴィチェンツァ Vicenza－
　　　ヴェローナ Verona－ミラノ－ストレーザ Stresa－ミラノ

5.1　地理

　北イタリアは、北にアルプスを控えている。西はフランスとの国境地帯で、アオスタ谷 Valle d'Aosta のモン・ブラン Monte Bianco に代表される。真北の部分はスイスアルプスとの国境で、山麓にはマッジョーレ湖 Lago Maggiore、コモ湖 Lago di Como、ガルダ湖 Lago di Garda などが広がり湖水地方 Luogo di Laghi と呼ばれる。東は、オーストリアとの国境をなすティロール地方 Tiròlo があり、魁偉な岩峰が集積していることで名高いドロミティ Dolomiti が広がっている。

　北イタリアの南部は、トリノ Torino のあるピエモンテ Piemonte 州、ミラノのあるロンバルディア Lombardia 州、ヴェネツィアのあるヴェネト Veneto 州などを代表とするイタリアの穀倉地帯である。

　この地帯と関係深い二つの川を述べておく。

　ポー Po 川は、イタリア・アルプスのグラン・パラディーゾ Gran Paradiso に源流を持ち、イタリア北部を東に、ロンバルディア平原、ポー平原を横断してアドリア海 Mare Adriatico に注ぐ。イタリア国内で最も長い川（延長652km）である。その水はポー川流域にヨーロッパ有数の農産地域をもたらしている。下流域では、米作が盛んなことで有名で、戦後間もない頃見たイタリア映画『苦い米 Riso amaro』（シルヴァーナ・マンガーノ Silvana Mangano 主演）はこの辺りを舞台としたものであった。

　それに対して、アディージェ Adige 川は、ティロール地方のブレンナー峠 Passo Brennero 辺りを源とし、ボルツァーノ Bolzano、トレント Trento と、南に向けて流れ下り、ヴェローナを通ってから東に向かい、やはりアドリア海に注ぐ、延長 409km の川である。

5.2 ミラノ

ミラノ案内

ミラノの地図を見ると、ドゥオーモ Duomo とその西側に広がるドゥオーモ広場 Piazza di Duomo を中心として、幾重にも環状道路が走っていることが分かる。

ドゥオーモ広場から北に、ヴィトリオ・エマヌエーレ2世のガッレーリア Galleria di Vittorio Emanuele II を抜けてから北西に少し辿るとスカラ座 Teatro alla Scala があり、さらに北上するとブレラ美術館 Pinacoteca Brera に達する。ドゥオーモ広場から西側の方向には、もう一つの代表的な美術館であるアンブロジアーナ美術館 Pinacoteca Ambrosiana が、思ったより近いところにある（道は少し入り組むが）。

ドゥオーモの北側を走るヴィクトル・エマヌエーレ2世通りを東北東に辿ると、ショッピング通りとして有名なモンテ・ナポレオーネ Monte Napoleone 通りの入口に達する。

ミラノ中央駅 Stazione Milano Centrale F.S は、ドゥオーモから北東 2.5km のところにあり、主要幹線はここから発着する。なお、ガリバルディ駅 Milano Porta Garibaldi からも、スイス方面などの多くの列車が発着する。

レオナルド・ダ・ヴィンチ Leonardo Da Vinci の絵画『最後の晩餐（チェナコロ）Cenacolo Vinciano』で有名なサンタ・マリア・デッレ・グラツィエ教会 Chiesa Santa Maria delle Grazie、スフォルツァ城 Castello Sforzesco、センピオーネ公園 Parco Sempione は、ミラノ北 Nordo Milano 駅の近辺にある。

上記の観光名所の訪問や駅間の移動には、地下鉄（Mのマークが目印）を利用するのがよい。

ミラノの印象：新旧の混合

ヨーロッパの都市は、中世以前は都市国家として発展してきたものがほとんどである。そのような都市は外部からの侵略に耐えるために城塞都市として周囲に城壁を巡らしており、その外へ／外からの出入り口として、城壁の要所要所には門を

スフォルツァ城中庭

設けている。しかし、近世では、科学技術の発展に比例してより大きな政治経済体制として全国的な規模の国家が世界の標準となった。このような状況下では、各都市の経済的発展には、城壁は不要なものとなり、取り除かれることになる。しかし、城壁の内部には、王宮、教会、それらに関係深い様々な文化的施設などが残存している。そこで、これらを旧市街とし、その外側に新市街が発展している都市も多い。ウィーンやザルツブルクはその例である。

これに対して、旧市街と新市街が渾然一体となっている都市も存在する。ミラノはその例であろう。ミラノもご多分に漏れず、中世においては、ドゥオーモを中心として発展した都市だが、ローマと同様に、現在は昔からの建造物と新しいそれらの混在した都市となっている。マルペンサ空港 Aeropòrto di Malpensa からバスでミラノ中央駅.へと近づくにつれて、眼に入る巨大で不格好にも思われる存在感に満ちたビル群が目に入る。現在もイタリア第二の巨大な経済都市であり、デザイン分野で世界の先端を行く都市としてのミラノ、2015 年には食料を中心とした万国博 Milanoexpo-2015 が開催されたミラノ、その都市としての歴史は、『SkiraMiniARTbooks ミラノーミラノとその周辺のガイド』に詳しく述べられている。

発達した交通機関網

ヨーロッパの大抵の都市では、長距離列車の線路が都心まで乗り入れているところは無く、幾つかの終着駅が円弧状に周辺部に配置されているところがほとんどである。パリやウィーンもそうだったし、ミラノもそうである。ミラノの場合、すでに述べたように、そのような終着駅として、中央駅、ガリバルディ駅、および、北駅がある。周辺部の円弧上にあるこれら終着駅の内側の交通網はどうなっているかというと、地下鉄やトラムおよびバス網が補っている。タクシーももちろん使える。

ミラノでは路面電車（トラム）網が発達しているのには驚いた。ドゥオーモが街の中心であろうが、とにかくこんな所までと思うようなところでトラムに出会う。また、様々な形の電車が走っている。旧態依然とした形の電車も多いが、国鉄特急を思い出させる面構えの電車もある。

地下鉄は M１から M３までの路線があり、中心地の観光に活用した。切符は、自動券売機もあるが、新聞などを売っているタバッキー tabacchi (tabaccheria)で買う方が手っ取り早い。各路線は複線だから、乗り間違えると目的地と逆の方向に行ってしまうことになるので、プラットフォームへの降り口にはその線のその駅からの行き先駅を順に記した表示があるので確認する

ようにした。

ブレラ美術館

ブレラ美術館 Pinacoteca di Brera は、美術学校も兼ねており、構内には学生も数多く見受けられたし、美術品補修の展示コーナーもあった。

ちょうど、ジョヴァンニ・ベッリーニ Giovanni Bellini の作品の特別展が開催中であった。彼の筆による『ピエタ Pieta』は、十字架から降ろされたキリストとそれを支える門弟二人の、上半身だけを描いたもので、抑えられた悲哀感が胸を打つ。また、マンテーニャ Mantegna による『死せるキリスト Cristo Mòrto』は、ベッドの上に横たわるキリストの遺体を足の方から頭の方へと描いたもので、その視点のアングルの特異性と遠近法の適用とで名高い。

好印象のアンブロジアーナ美術館

アンブロジアーナ美術館 Pinacoteca Ambrosiana は、ドゥオーモ広場のすぐ近くにある。ミラノカードに附属したお得情報に記載されている水曜日を選んで入場料 50％割引を活用した。一般には、ブレラ美術館の方が知名度は高いようだが、我々はむしろこの美術館の方に感銘を受けた。館内が素晴らしく美しく芸術的な雰囲気に満ちているだけでなく、展示内容もこちらの方が惹きつけられた。特記すべきは、次の二つの作品であろう。

ひとつは、ラッファエッロのヴァティカン博物館ラッファエッロの間 Stanze di Raffaello にある『アテナイの学堂 Scuola di Athene』の下絵 Cartone della Scuola di Athene で、実物における集団人物像に関する壮大な陰影付きのデッサンである。実物と同じく、正面階段上中央には（ダ・ヴィンチをモデルにしたと言われる）プラトンとアリストテレスが位置し、実物に登場する大部分の人物も描かれている。ただ、このデッサンには次の二人はまだ描かれていない。その一人はミケランジェロであり、実物の絵画では階段下やや左に正面向きだが腰を下ろして足を組み、箱の上に左肘をつき右手を置きながらややうつむいて物思いにふける姿で描かれている。もう一人はラ

アンブロジアーナ美術館の中庭

ッファエッロ自身で、実物画面右端では左顔をやや斜めにしてこちらを見ている。ともかく、下絵というのはここまで精緻なものなのかという驚きを禁じ得なかった。

もう一つは、レオナルド・ダ・ヴィンチの『楽師の肖像 Ritratto di Musico』である。この絵は、斜め右向きの若者の上半身を描いたもので、画面下方には何かの紙を持つ右手が描かれている。頭は美しい巻き毛の髪の上に赤い帽子をかぶっているが、特に印象的なのはこの楽師の顔で、光を受けて実に彫刻のような立体感で描かれている。全体は、いかにもレオナルドの描いた絵画らしく、実に力強くしっかりした筆致で描かれた傑作である。

最後の晩餐　予約の取り方

『最後の晩餐』はフレスコ画ではないということであるが、退色が著しいため、観客の人数制限をしている。それ故、必ず予約することが必要である。筆者は、旅程を考慮に入れた上で、インターネット上でチェナコロを検索し未だ空きのある日時の見学予約を申し込んだ。料金は、2 人分で前売り代も含めて16 ユーロ（2014 年 4 月現在）である。予約が成立すると、返信に予約書が添付ファイルとして送られてくる。それを印刷して、当日 1 時間以上前に窓口に提出する。すると、40 分前にここに集合するようにとの返事を貰う。なお、ミラノには、この『最後の晩餐』見学とミラノ観光とをセットにした小ツアーを売り出している旅行業者もいて、1 人当たり 70 ユーロとのことであった。

サンタ・マリア・デッレ・グラツィエ教会と『最後の晩餐』

サンタ・マリア・デッレ・グラツィエ教会の前は広場になっているので、そこで自分の予約した時刻を待っている人々がいる。20 分前に同じ建物の受付の右奥に集まる。時刻が来るまで 4 種ほどある写真入りの掲示板を読んだり写真を眺めたりして過ごす。時刻が来ると、ドアが開くので、切符を係員に見せて最初の部屋に入り椅子に腰掛ける。入って来た扉は閉められる。ビデオで解説がある。終了すると、次の部屋に移動し扉が開くまで待つ。このように、2 度も部屋替えをして、チェナコロのある部屋が直接外気に触れることの無いように、途中の部屋で空気の調節をしているのである。チェナコロのある部屋は結構大きなホールで、椅子は無く、近くからあるいは遠方から十分絵画を鑑賞できる。もちろんカメラによる撮影は禁止である。退出時間が来ると別の出口から出口にあるお土産ショップに移動する。ここには、種々のサイズの『最後の晩餐』コピーが、大きいものから本に挟むしおりサイズのものまで売られている。だが、旅行者にはなかなか適当なサイズのものが見つからない。鑑賞す

るにはある程度の大きさが必要だが、横長の絵であり、途中で折り畳むことは避けたい。卒業証書を入れるのに使う円筒も用意されているが、嵩張るのでスーツケースには入れ辛い。

レオナルド・ダ・ヴィンチの『最後の晩餐』は、単に彼の作品におけるだけでなく人類によって描かれた絵画の内の最高傑作である、と私は信じる。「この中に、私を裏切る者が一人居る」というキリストの発言によってもたらされた衝撃・動揺が弟子達の間に広がる様を、たった1枚の絵の中に完全にとらえて表現しているのである。キリストは中心に座り、他の弟子達は、隣り合った体の間隔の配置、視線と体の向きとによって、右側の6人は2つのサブグループに、左側の6人は3つのサブグループに分けられている。ユダは、キリストから数えて左の2番目に唯一人からなる一つのサブグループとして、体を起こしてキリストを見つめた形で表現されている。驚きとどよめきの一瞬を捉えた絵画であるが、その後には今度は異なるメンバーの弟子達のサブグループからなるイメージが続くことを予想させる絵画である。

地下鉄でのスリ体験

ミラノは、ローマやナポリと並んで、スリに気を付けなければならない都市の一つとして知られている。

今回、幸い無事であったが、筆者は地下鉄の中でそのような体験をした。ミラノ中央駅からドゥオーモに行く地下鉄のプラットフォームは、列車を待つ乗客で結構混んでいた。車両に乗り込んだ際に、乳飲み子を抱え、肩から手元さらにその下まで長い布を垂らした女がドアの側に居て、その長い布の下で私のズボンのポケットを探るのである。私は直ぐ気がついて、車内での位置を移動してその女から離れたので、事無きを得た。周りにいた一癖ありそうな連中も多分グルだったのだろうと思われる。

5.3　クールマイユール

渇水に悩む都市

トリノ行きの列車をキヴァッソ Chivasso で乗り換えてアオスタ Aosta を目指す。単線で、しかも途中イヴレア Ivrea で（同じプラットフォームであるが）乗り換えを必要とする。これから先は電化がなされていないのでディーゼル車となる。アオスタで下車して、クールマイユール行きのバスを待つ。駅とバス停留所のいずれもトイレが閉鎖されている。クールマイユールで宿泊したホテルでもシャワーのお湯の出が悪かった。その理由は、やはり地球温暖化のせい

であろう。モン・ブラン南面の氷河は後退が目立っているし、裾野のフェレ谷 Val Ferret には貯水池が見当たらなかった。こういう訳で、クールマイユールやその下流のアオスタは慢性的に渇水に悩まされているようである。

モン・ブラン・ケーブル

　クールマイユールから北を望むと、直ぐ北西にモン・シェティフ Mont Chétif（2343m）という岩山が目に付き、北東には丘陵の末端の岩壁が聳えていて、両者の間からそれらの向こうに展開しているアルプスの姿が垣間見える形となっている。

　クールマイユールからバスに少し乗ってモン・ブラン・ケーブルの谷駅のあるラ・パリュ la Palud に行く。この辺りから左手には、モン・ブラン・プートレイ山稜末端の岩山 Aiguille Noire de Peuterey が不気味なまでに黒く鋭く尖った姿で聳えている。ル・パヴィヨン le Pavillon でケーブルを乗り換え、さらに上ってトリノ小屋 Rifugio Torino に着く。現在は工事中で、エルブロンネルからエギーユ・デュ・ミディを経てシャモニーに達する空中ケーブルには繋がっていない（その後、工事は完了したようである）。

　展望台の標高は 3300m 位なので、さすがに寒い。ツアーの日本人団体がきており、ガイドの日本人女性がいろいろ山名を教えてくれる。モン・ブランから出ているプートレイ山稜とその手前の氷河はずっと見えているが、その向こうに聳えるモン・ブランの丸い山頂は雲に隠されてなかなか全容を表さない。しかし、垣間見る瞬間はあったように思われる。帰りは、ル・パヴィヨンで高山植物園 Botanico Pavillon に寄る。一かたまりのエーデルヴァイスが 6 ユーロで売られていた。

クールマイユールの街散策

　モン・ブラン・ケーブルから降りてきて、クールマイユールの街中を散策する。バス停からその後ろの方に、宿舎のホテルからさらに登り坂を辿って行くと、クールマイユールの街が広がり、レストランやジェラート gelato などを売るバール bar がある。山から下りてくると、下界は結構蒸し暑い。さあイタリアというと「ジェラート gelato」だというので、バールで私はレモン、家内はヨーグルトのジェラートを注文した。私はそれほどでも無かったが、家内はおいしかったようだ。

　さらに街中を南に辿ると、小さな広場に達する。山側には華やかな色彩の壁画で飾られたガイド協会とやや無機質的な白色の壁面が特徴の教会とがある。それらの山側には有名な登山ガイドの碑が立っている。そこから左に登山協会

の横裏を廻るように登って行く道がある。これは後に述べるトゥール・デュ・モン・ブラン Tour du Mont Blanc（TMB と略称）の一端を担う路である（翌日この道をベルトーネ小屋 Refuge Bertone へ辿ることになった）。目星をつけたリストランテのディナーは 7 時からということなので、上記広場から少し戻った所にあるバールの道ばたに設けられた出店で時間を潰しに休憩を取る。

　待望の 7 時に近くなってそのリストランテに足を運ぶ。我々は最初の客であった。この地方の郷土料理としてメニューに記載されているラクレット raclette を注文した。この料理は電気を食うので、コンセントに近いテーブルに席を取る。沢山のゆでたジャガイモ（皮付き）、薄いチーズの切片を皿上に一杯に並べた大皿、薄いサラミソーセージの切片を皿上に一杯に並べた大皿、および 3 種の薬味（小さいタマネギ、オリーブの実、他）がそれぞれ入った壺が用意された。チーズの薄片を取手のついた小さなフライパンに入れて、熱せられた電気ヒータの下に入れて溶かしてからジャガイモに塗って食べるのである。この主食と、サラミソーセージや薬味の味とは見事に調和している。以前シャモニーで食した塩辛いチーズ・フォンデュよりも遙かに美味であった。我々は、これらのすべてを食べきった。

　このラクレットといい、ジェラートといい、スイスとは異なって、さすが食道楽のイタリアだけのことはあるという印象であった。

ベルトーネ小屋へのトレッキング

　クールマイユールからベルトーネ小屋へのルートは、グーグルマップなどでは見つからない。やはり登山用の地図を購入する必要がある。ネットで調べて、IGN の 3531 ET を注文した。この地図では、トゥール・デュ・モン・ブラン TMB のイタリア側の路がよく分かる（もう一つのシャモニー側の地図は IGN の 3630 OT、ともに 25000 分の 1 である）。TMB とは、モン・ブランの周りを 7、8 日かけて一廻りするトレッキングコースで、適当な位置にある山小屋（ベルトーネ小屋もその一つ）を宿泊に利用する。

　昨日のガイド教会の裏手から路を辿る。暫くは山沿いの住宅街（あるいは別荘街かもしれないが）を登って行くと、モン・シェティフとモン・ブランが青い空を背景に輝いている。住宅が無くなってから少しすると道標があり、左にベルトーネ小屋への登山路に入り、ジグザグに登って行く。森林地帯を抜けて小屋が見えてくる辺りは高山植物のお花畑となる。ベルトーネ小屋では、ジュースを 2 本注文し、利用したトイレ代の代わりとした。

　小屋から少し登ると俄然展望が開け、グランド・ジョラス Grandes Jorasses

が目の前に展開する。数年前シャモニー側のエギーユ・デュ・ミディからエルブロンネルへの空中ケーブルに乗ったことがあるが、その際目に付いた巨人の歯（ダン・デュ・ジュアン Aiguille Dent du Géant）も見える。モン・ブランには少し雲がかかっている。尾根をさらに登る元気はないので諦めて、分岐左のお花畑が続く等高線を辿る楽なコースを選ぶ。グランド・ジョラスを眺めながらどんどん飛ばして、プランパンシューPlanpincieux に下山した。ここには、キャンピングカーが沢山来ていた。

フレッチャビアンカ Frécciabianca で出会った日本語に堪能なイタリア人

　ミラノからヴェネツィアに行くフレッチャビアンカの車中で、我々は婚約中（？）と思われるカップルのイタリア人と相席になった。車内は冷房が効き過ぎて寒いくらいである。私が「寒いね」と日本語で言いつつ立ち上がって上にある冷房の吹き出し口を塞いだ。このとき、私の隣に座っていたイタリア人男性が「寒いですね」と日本語で相槌をうった。あごひげを生やしたハンサムな男で、歳は 30 を超えているようだ。これを機に、その男性と我々との日本語による会話が始まった。同伴女性の方は全然日本語は分からないと言っていたが。今は日本語を使う機会が無いので忘れないようにここで練習したいとのことである。彼はミラノ大学で日本語を学んだこと、ヴェネツィアにもよい日本語の学校があること、イタリアにある日本の会社の支社に就職し、その支社ではイタリア人は彼 1 人で他は皆日本人であったこと、その結果日本語の会話ができるようになり、今でも平仮名も片仮名も覚えていること、本社は名古屋にあるので能登半島を訪れたことがあること、などを語ってくれた。ヴェネツィア駅での分かれ際には、「気を付けてください」と挨拶をしたので、我々は"Very nice to meet you." と応じた。

5.4　ヴェネツィア
ヴェネツィア案内

　ヴェネツィアは、本島、ジューデッカ島 Isola della Giudecca、サン・ジョルジョ・マッジョーレ San Giorgio Maggiore 島、および、その他の島々から構成されている。本島は、イタリア国鉄の終着駅であるサンタ・ルチア Venezia Santa Lucia 駅があり、本土にあるメストレ Venezia Mestre 駅とは海を隔てた鉄橋で結ばれている。

　本島は東西に長く、その中を大運河 Canal Grande が逆 S 字状に、と言うより、内部に竜を孕んだようなうねった形で、近接した島々を橋で結んだ複合体の形

を呈している。代表的な橋として、リアルト橋 Ponte di Rialto、アッカデミア橋 Ponte dell' Accademia などがある。本島の中心は、サン・マルコ寺院 Basilica di San Marco とその広場、およびドゥカーレ宮殿 Palazzo Ducale である。

本島の南には、ジューデッカ運河 Canale della Giudecca およびサン・マルコ運河 Canale di San Marco を隔てて、ジューデッカ島とサン・ジョルジョ・マッジョーレ島が一列に横に並んでおり、後者はドゥカーレ宮殿の向かい側にその美しい姿を見せている。

迷路のような街並み

イタリア本土のメストレ駅から鉄橋で海の上を暫く走り、列車はヴェネツィアのサンタ・ルチア駅に到着する。駅前の広場は大運河に面しており、対岸にある教会の丸屋根が目につく。左手には大運河を渡るスカルツィ橋 Ponte di Scalzi がかかっている。我々の宿泊するホテルは、橋の前から逆方向に駅と平行する狭い路地をしばらく辿ると、左手に小さな入り口があった。受付で名前を告げ、二人のパスポートを見せる。予定している部屋は未だ空いていないというので、スーツケースを預けて、早速ヴェネツィア見物に出発する。

我々は、まず（船を利用しないで）足で歩くことにより、ヴェネツィアをよく知ることから始めた。黒人達がバッグなどを広げて商売しているスカルツィ橋を渡って、対岸に移り、土産物店の立ち並んだ狭い路地を辿って行く。商店だけでなく、小広場、教会、住宅、小運河を渡る橋なども入り交じった狭い路地は、まるで迷路を行くようである。時々、袋小路や、大運河に面したヴァポレットの停留場やゴンドラ乗り場で行き止まりになって戻らざるを得ない。しかし、要所要所の曲がり角には、サン・マルコへ（PER　S.MARCO）、鉄道駅へ（PER　FERROVIE）という文字列が矢印とともに書かれた道標があるので、それらの指示に従い歩みを進める。途中、魚市場で地元でとれた魚を眺め、一番大きく立派なリアルト橋を越えて、サン・マルコ広場へと到達した。

サン・マルコ寺院、ドゥカーレ宮殿と牢獄 Prigioni を見物し、行列してエレベーターで鐘楼 Campanile に上り、付近を上から俯瞰した。

ヴァポレットとゴンドラ

ヴァポレット Vaporetto は水上バスである。当然行きと下り（あるいは上りと下り）がある。そこで停留所は、同一路線でも上りと下りとでは異なる桟橋を設けて、路線の混同および交通の混乱を防いでいる。ゴンドラ Gondola は、客２人から４人用で、船頭が船の後部で立ったままで艪を漕ぐ様は、和船に似ている。船体は皆黒塗りで、客の座る前後には金色の飾りが豪華さを醸し出し

ている。乗客はほとんどが若いカップルで、とうのたった老夫婦などは見かけなかった。大運河の幅は数十メートルはあるが、ヴァポレット、ゴンドラ、モーターボートなどが入り乱れて運行している。救命胴衣などを着けている人は誰もいない。交通規制はどうなっているのか、船どうしの衝突などが起こることは無いのであろうかとふと思った。

サン・ジョルジョ・マッジョーレ島とその教会

サン・マルコ広場から大運河を隔てた向かいには、サン・ジョルジョ・マッジョーレ島の教会がその美しい姿を見せている。この教会は、ルネッサンス時代の建築家アンドレーア・パッラーディオ Andrea Palladio の設計によるもので、その古典的な均整のとれた美しさは、サン・マルコ寺院側から眺めると一際目を引く存在である。ジューデッカ島にある同じくパッラーディオが設計し

たレッデントーレ教会 Il Redentore のずんぐりした外観（遙か遠くから見ただけだが）よりも、そのスマートさにおいて、遙かに優れているものと思われた。

ヴァポレットを使って、島に上陸し教会内部に入る。教会内陣の採光を重視したパッラーディオの設計は見事なものである。ミラノのドゥオーモやヴェネツィアのサン・マルコ寺院の内部が暗さで厳しい雰囲気を演出しているのに対し、ここでは十字形に配置された丸天井からの光が教会内部を清浄感を湛えて照らし出している。天上の世界への憧れをこの世に作り出すのに成功していると思った。

教会の隣にある鐘楼にエレベーターで上り、周囲の眺めを鑑賞した。サン・マルコ寺院の鐘楼からの眺めは、さすが中心からの周りの眺めということで充実した眺めとなっている。それに比べると、来訪者が遙かに少ないサン・ジョルジョ・マッジョーレ島のこの孤立した鐘楼からの眺めは、清潔感に溢れ、はるかな旅情をそそるものと言える。サン・マルコ寺院やドゥカーレ宮殿に面する大運河側では、行き来する小さい船が何隻も動いている、直下にあるヨット・ハーバーには係留されている沢山の白いヨットが見下ろされる。また、反対

側を見下ろすと、寺院のドームが見えるだけでなく、枡目状に配置された四角い中庭を囲む２階建ての長い僧坊と、それらに囲まれた中庭の幾何学的模様の庭園が見えるが、人影は無く静まりかえっている。さらにその先には、狭い海路を隔てて隣にある長細いジューデッカ島が、あたかもバナナを縦にみた図のように浮かんでいる。目をさらに上げていくと、海は、小さな島を点在させて、ラグーナからさらに遠方の島へ、そしてイタリア本土へと、地平線まで果てしなく広がっている。

アッカデミア美術館

アッカデミア橋を渡って、すぐ側のアッカデミア美術館 Gallerie dell' Accademia に入る。この美術館では、カルパッチョ Vittore Carpaccio の『ウルスラ Orsola の物語』の連作と、ジェンティーレ・ベッリーニ Gentile Bellini によるヴェネツィアの昔の風景を描いた大きな絵画が印象に残った。後者の絵を見ていると、現在のヴェネツィアは昔とあまり変わっていないように思える。運河を中心とした街の性格上当然かもしれないが、同時に観光地としての保存規制も的確に行われているものと思われた。

ティツィアーノによる『被昇天の聖母』

ヴェネツィア滞在の最終日に、スクオーラ・グランデ・サン・ロッコ Scuola Grande di San Rocco とサンタ・マリア・グロリオーザ・デイ・フラーリ教会 Basilica di Santa Maria Gloriosa dei Frari を訪れた。

前者の教会は、ティントレットの作品で埋め尽くされている。天井画が多いので、お盆状の大きな長方形の鏡が多数用意されており、見上げなくても、鏡で反射させて天井画を見ることができるようになっているのは良い工夫だ。ただ、館内は薄暗く、細部まで鑑賞するにはやや十分でない気がした。入口で会った日本人は感激したと言っていたが。

後者の教会最大の売り物は、ティツィアーノ Tiziano Vecellio による『被昇天の聖母 Assunta』である。聖母の被昇天（せいぼのひしょうてん）とはカソリック教会の用語で、聖母マリアがその人生の終わりに、神様により肉体と霊魂を伴って天国にあげられたという信仰があり、その出来事を描いた高さ690cm×巾 360cm の油彩画による祭壇画である。

天界、天に向かって両手を広げた聖母（それは大勢の天使たちにより支えられている）、その聖母に手を挙げて驚き騒いでいる地上の人々、の三階層の構図で、聖母や地上で聖母に手を挙げている人の着衣の赤、地上の群衆の陰影、階層と階層を隔てる背景の明るい光に満ちた空間などが鮮やかな色彩で表さ

れている。これ位素晴らしい出来映えの絵画は、美術の歴史の中でも数少ないのではないかと思う。

　ティツィアーノという画家につては、以前から名前だけは知っていたが、実際に描いた絵画やその画風については特に知らなかった。日本に帰国してから調べると、90 才近くまで長生きし、肖像画、宗教画、神話画、裸体画などの多くの作品によりその後の西洋絵画史に多大な影響を及ぼした画家で、ヴェネツィア派最大の巨匠であることを知った。ルーベンスは、ティツィアーノの描いた絵画を模写することにより、多くの画題のヒントをつかんでいる。この旅行でヴェネツィアからドロミティに行く途中、彼の出生地ピエーヴェ・ディ・カドーレ Pieve di Cadore をバスで通ったが、「ティツィアーノ当地に生まる」という誇らしげな大きな看板を目にした。

5.5　コルティナ・ダンペッツォ
コルティナ・ダンペッツォへのヴェネツィアからの行き方
　ドロミティの中心都市コルティナ・ダンペッツォへは、ヴェネツィアから行くのが自然である。ヴェネツィア空港からの直通バスによる方法があるが、このバスは季節によっては運行していないし、本数も多くは無い。

　我々の旅は、ユーレイルイタリアパスによる鉄道を主体とする旅なので、ヴェネツィアからはトリエステ行きの国鉄でコネリアーノ Conegliano に行き、ベッルーノ Belluno から来る列車に乗り換えて、ポンテ・アルピ・ディ・ポルペト Ponte Alpi di Polpet、カラルツォ Calalzo（正式な名称は、ピエーヴェ・ディ・カドーレ）と辿る予定であった（トーマス・クック時刻表には、カラルツォまで列車となっている）。早朝の列車に乗れば時間的に全て順調に行くのは分かっているが、ヴェネツィアの我々の宿泊したホテルの朝食は 7 時半からであり、ヴェネツィアの高い宿代は朝食代込みの値段なので、朝食を取るのを棒に振っての行動は如何にも残念である。

　そこで、朝食を取ってから列車に乗り、コネリアーノ駅に着いた。ところが、ベッルーノからの列車はもう出発した後であった。時刻表の見間違いである。しかたなく、ポンテ・アルピ・ディ・ポルペトでその列車に追いつくべく、駅前からタクシーに乗り、山越えと高速道路を一部利用して飛ばしてもらって辿りついた。ティップ代を入れて 80 ユーロの大枚を支払った。

　駅で列車を待つが、どうも来る気配が無い。列車の出発プラットフォームを知らせる電光掲示板には該当する列車のプラットフォーム欄に PF という文字

が表示されているだけで。この意味が分からない。駅の清掃をしている人に尋ねたところ、駅の外だという。そこには何台か車が駐車しており、バス停であることを知らせる表示もある。つまり PF とは Parking-field の略称なのであり、この先は列車では無く、バスしか無いのであった。

なお、カラルツォでは、国鉄バスからドロミティ・バスに乗り換えた。

コルティナ・ダンペッツォ案内

バスを下車してから予約したホテルに辿り着くまでは、いつも多少の当惑が伴う。地図は持っているので、下車してからコンパスを用いてホテルのある方向を見定める。バス停の横に駐車場があり、その前から道路が分かれているので、下りていく方向に辿ったら簡単に見つかった。内部の作りは、山荘風である。

よい目印となる教会は、メインな通りのコルソ通り Corso Italia にある。この通りにはメインの商店が連なっている。インフォメーション・センターもあるが、日本語を解する人は午後5時にならないと来ないとのことであった。コルソ通りを下りていくと、左手にコーポがある。内部の入口に近い部分は、右は書籍コーナー、左は土産物コーナーになっている。書籍コーナーにはドロミティの案内書や写真集が沢山置いてある。我々も、大きさ・内容・価格の見地から最適と思われるドロミティの案内書を1冊購入した。数段の階段を上がった奥はスーパーとなっており各種食料品が豊富にある。我々も、当地に滞在した3日間の夕食の食料をここで仕入れて、ホテルに持って帰った。家内は、チーズ売り場で働くおばさんとは、顔なじみとなった。

コルソ通りをもう少し行くと、通りは終わりになるが、そこからは昔オーストリアのトニー・ザイラーToni Sailer が滑降・回転・大回転で3冠王とり、猪谷千春が回転で3位となった冬季オリンピックが当地で開催されたとき引かれていた鉄道のアーチが左手奥の高いところにあるのが見える。鉄道はその後撤去され、跡は遊歩道になっているそうである。

コルソ通り

家内のストックの片方が壊れた状態であったので、コル

105

ソ通りではスポーツ用品店を探した。もちろんあったが、47 ユーロという高い価格が表示されているので、購入しなかった。次の日、トレ・チーメ一周に出かける前、バス停の一角で開かれていた朝市を覗いていたら、ストック1本が9ユーロで売られていた。家内は大喜びでそれを購入したのはもちろんである。

トファーナ・ディ・メッツォの素晴らしい展望台

コルティナ・ダンペッツォには昼過ぎについたので、荷物をホテルにおき、午後は予定通りコルティナの西にあるトファーナ・ディ・メッツォ Tofana di Mezzo の展望台に行くことにする。ホテルで教わったように、オリンピック・スタジアムの横を通り、一番下のロープウェー駅につく。ここから岩山に架けられた3つのロープウェーを乗り継いで（2回途中で乗り換えて）展望台にたどり着く。ドロミティではよく見られる構造であるが、トファーナ・ディ・メッツォは岩山の上に平らな所があり、その上にまた上の岩山が乗っているような基本構造を2重に持つ形状となっており、それぞれの段にロープウェーが敷設されている訳である。

終点の展望台は標高 3000 m を超えており、時期は未だ6月なので、辺りは雪が沢山残っている。昔海の底に堆積したことを示す幾重もの層状の岩盤と、その上に散りばめられた残雪のパッチワークが、ゆがみをもった何重もの平行する横縞の線分群を構成し、その模様は抽象絵画を鑑賞しているような印象を与える。何人もの日本人が来ていたので、2人で写真を撮ってもらった。

トレ・チーメは一周に価値あり

2日目は、何とか天気が持ちそうだというので、予定していた通り、バスでトレ・チーメ Tre Cime di Lavaredo に向かった。バスはアウロンゾ小屋 Rifugio Auronzo のバス停広場に着く。それから、礼拝堂、ラヴァレード小屋 Rifugio Lavaredo と、トレ・チーメ南面の一般コースを辿り、峠（あるいは鞍部）につくが、霧で山は見えない。ここからは、山腹の左斜面に付けられた路を辿り、雪の残っている部分もある。西部劇に出てくるような岩峰が聳えているのが見える。最後は少し登ってドライ・ツィンネン小屋（独：Drei Zinnen Hütte）あるいはロカテッリ小屋（伊：Rifugio Locatelli）につく。小屋は学生で大混雑しているので、トイレだけ利用させて貰って、雨具を着て小屋を出る。

トレ・チーメ北壁がよく見えるはずの北面のルートに取りかかる。路はこれまでとは異なり山道らしくなる。小屋から小盆地の底に下っていく。トレ・チーメの北壁を正面から見る辺りが一番低くなる。北壁はスパッと切れた黄色い

106

岩壁で、頂上から３分の１のところまではまといつく雲や霧から雨を受けるの
か薄黒く汚れたような色になっている。左から、チーマ・ピッコロ Cima Piccola、
チーマ・グランデ Cima Grande、チーマ・オッチデンターレ Cima Occidentale
という名前がついている。この辺りの路はいわゆる登山路で、岩がごろごろし、
背の低い灌木の間を上下する形でつけられており、南面の沢山のハイカーが通
る整備された太い路とは異なる。途中壁の美しいラングアルム小屋 Ref.
Langalm があり、トレ・チーメを逆さに写す小さな池もある。そこから、トレ
・チーメの北面と南面を分ける鞍部への上りが始まる。前面の断崖の岩の色は
赤黒い。基本的には石灰岩であろうが、白ではなく、場所により様々な濃い色
の岩壁がある。鞍部から最初のアウロンゾ小屋までの路は高山植物のお花畑が
続いている。ポピュラーな南面コースしか歩かなかったハイカー達は、バス停
の直ぐ側にこのような花園があることは知らないで帰路についたことであろ
う。

雨の日の散策路

　３日目は予報では雨ということで、ホテルの受付の女の人が紹介してくれた
近隣のコースを辿ることにした。教会から墓地、駐車場を抜けて、隣村への舗
装されていない自転車道を辿りながら丘を越えていく。丘は花と草の緑で溢れ
すこぶる気持ちがよい。傘をさしているがそれほどのことは無く、高曇りなの
で遠くの山は見えている。

　ここから眺めるドロミティ第二の高峰アンテラオ Antelao は、頂上は尖った
金字塔で、左奥に 45 度のスロープを引き、右は手前に断崖を落とす肩を張っ
た形の、雪を散りばめた北西面を斜めに構えた形で見せて、聳え立っている。
さらに手前右下には家来の山を従えている。まさに、ドロミティの「王様」と
呼ばれるのも宜なるかなと頷ける、ほれぼれするような男前の姿である。

　われわれは、カンポ村 Campo の先の、森に囲まれたピアノツェス湖 Lago
Pianòzes を訪れた。湖畔に小屋があるが、無人のようであった。湖の背景には
霧の間から時折岩山が見え隠れする。さらに調子に乗って急坂を登り、アジャ
ル湖 Lago d'Ajal まで足を延ばしたが、この方は払った労力の割には期待した
ほどの景色では無かった。

Voi siete qui ―You are here

　ハイキングの途中などで、案内版の存在は域内における現在地を確認しなが
ら歩みを進めるのに非常に役立つものである。そこでは、対象エリアにおける
現在地が必ず何らかの記号を用いて表されている。イタリア語の場合、記号の

説明には、Voi siete qui と書いてある。これは英語の You are here に対応する表現であり、イタリア語を少しでもかじった人には嬉しい表現である。

帰りのバスからの眺め

四日目は快晴だが、今日午前中からヴェネツィアに戻る予定なので、バスの窓から山を眺めることで満足する。それにしても、お馴染みのトファーナ、ソラピス Sorapiss、アンテラオだけでなく、名前の知らない凄い岩山が次々と現れる。頂上部の平らな岩山は、日本に帰ってから、モンテ・ペルモ Monte Pelmo であることは判ったが、未だ不明の山も多い。また、我々が訪れる時間的余裕の無かったソラピスは、円形劇場のような岩山で、その真ん中にソラピス湖を抱えており、どうしてこのような地形ができたのか非常に興味深い山である。次回またドロミティに来たときの楽しみに取っておく。

帰国してから、ドロミティのアルテ・ヴィエ Alte Vie（高所歩道）について調べた。また、イタリア国鉄の沿線では、ベッルーノ Belluno が東部ドロミティのベースとなる都市であることが判った。

5.6　パドヴァ

パドヴァ案内

パドヴァを訪れる主眼は、なんと言ってもスクロヴェーニ礼拝堂 Cappella degli Scrovegni を訪れてジョット Giotto の有名な壁画を見ることであったが、その他に、市立博物館 Musei Civici Eremitani（スクロヴェーニ礼拝堂に隣接）、プラトー・デッラ・ヴァッレ Prato della Valle、サンタントニオ聖堂 Basilica di San Antonio、洗礼堂 Battistero、（世界遺産の）植物園 Orto Botanico も訪れた。パドヴァ大学 Università Padova も有名だが訪れる時間が無かった。

スクロヴェーニ礼拝堂

スクロヴェーニ礼拝堂は、中世の画家兼建築家であるジョットが、聖母マリアの生涯と、キリストの生誕、磔刑、復活までの各時点における出来事を、一連のフレスコ画として描き出した壁画で名高い。

建物内部は細長の背の高いかまぼこ形である（それにさらに同様な形だが小型の後陣が付いている）。天井は星がまたたく青で塗られ、両側の壁面は３段のフレスコ画の壁画で埋め尽くされている。個々の絵に登場する人物の顔の表情には、（中世の絵画には無い）鋭い目差しと人間的な感情が表わされている。手の位置を活用した身振りの表現も感情を表すのに与っている。フレスコ画の持つ透明感を生かした着衣のしわの素晴らしいグラデーションは、全体的に

108

青い印象と相まって、見る者に清涼感を与える効果的な働きをしている。

なお、スクロヴェーニ礼拝堂の見学はやはり予約制を基本としているが、ミラノの『最後の晩餐』ほどの予約の取りにくさはないようである。

廉価で設備の良いホテル

パドヴァの駅前（西側）に面したホテル・グランディイタリア Granditalia は、価格の割に設備が良い。このことは、朝食の際に出会った日本人客と交わした話の中でも同意された事柄である。駅に近いビジネスホテル的な雰囲気もあるが。受付の方の対応も親切であり、この旅行において宿泊したホテルの中で随一のホテルであった。宿泊費は、べらぼうに高いヴェネツィアのホテルの３分の１である。世の中にホテルは沢山あるが、この良心的ホテルは表彰されて良いものと思う。

モノレールの路面電車

パドヴァの路面電車（トラム）は１本レールである。このような路面電車には初めてお目にかかったので仰天した。車輪あるいはタイヤがどのようになっているのか車体の下を覗こうとするのだがカバーされているのでよく判らない。電源はトロリーのようなパンタグラフで上の電線から供給されている。

5.7　ヴィチェンツァ

中世の天才建築家：アンドレーア・パッラーディオ

『イタリア紀行（1786〜88）』によれば、ゲーテは、ヴェネツィアに到着する前に、ヴェローナ、ヴィチェンツァ、および、パドヴァを訪れている。また、その時代ですでに有名な天才的建築家として、アンドレーア・パッラーディオ Andrea Palladio（1508〜1580）の建築物に多く言及している。

パッラーディオは若い時に、ローマに行き、そこで古代の建築物を研究し、それに大きな影響を受けた。たとえば、パンテオン Pantheon は、三角柱、直方体、円柱、円蓋の組み合わせから成っている。パッラーディオの設計した建築物も、目的によりこれらあるいはこれらの一部を組み合わせることで種々の壮大なヴァリエーションを作り出すことが可能であることを示している。建築物を飾りたてる装飾として要所要所に影像を配置して、単調さを防ぐ手立てとすることも忘れていない。

ヴィチェンツァは、パッラーディオの理想都市に対するイメージを実現した都市である。我々が当地で訪れた、オリンピコ劇場 Teatro Olimpico、キエリカーテイ宮 Palazzo Chiericati、シニョーリ広場 Piazza dei Signori にあるバジリカ

Basilica とヴェネツィア総督官邸 Palazzo del Capitanio、および、郊外にあるラ・ロトンダ La Rotonda はみな彼の設計によるものである。

オリンピコ劇場

オリンピコ劇場内部の写真は巻頭に掲げた。劇場内部の構造は次のようである。正面の舞台後ろには立体的な装飾が施された壁面があり、出入り口が３か所開いている。それらの奥には、遠近法を利用した背景セットが見える。舞台前面には、半円柱状の３階建ての観客用聴衆用空間がある。特に２階は、十数段の階段状の観客席が取り囲んでおり、背後にある円柱や彫像群の壁面が見事である。３階のフロアには前面の手すりの後ろに彫像が半円に沿って一定間隔に立ち並んでいる。

劇場の出口にあるショップの壁面には、ゲーテ訪問に関する碑、パッラーディオに関する碑、および、劇場において催された会合を描いた絵画が掲げられていた。

ゲーテ訪問に関する碑

（ここでは、V を U と読み変えると理解できる。イタリア語の先駆的言語であるラテン語では、U と V の区別が無かった。）

DAL 19 AL 26 SETTEMBRE 1786

OSPITE INCOGNITO A VICENZA

FV QVI PRESENTE IL GIORNI 22

AD VNA TORNATA DELL ACCADEMIA OLIMPICA

J. WOLFGANG GOETHE

INTERPRETE DELL'ARTE DI ANDREA PALLADIO

TESTIMONE DELLA CVLTVRA VICENTINA

POETA DI VNIVERSALE GRANDEZZA

NEL CLXXX ANNIVERSARIO DALLA VISITA

1786 年 9 月 19 日〜26 日ヨハン・ヴォルフガング・ゲーテ――アンドレーア・パッラーディオの芸術の解説者、ヴィチェンツァ文化の証人、偉大な世界的詩人――が変名を使って当地に滞在し、22 日にオリンピア・アッカデミアの会議に出席した。

訪問 180 年の記念日に。（つまり、1966 年に設置されたことになる）

----

dal A al B　A から B まで　　　　ospite m/f　客。incognito 変名の。

110

fu＜存在動詞 éssere の直説法遠過去単数 3 人称。　　presente　出席した。
tornata f 会議。　interprete m/f 解説者。　arte f 芸術。　testimone m/f 証人。
poeta m 詩人。universale 世界的な。　grandezza f 偉大さ。anniversario m 記念
日。vìsita f 訪問。

　　以後の碑文に現れるギリシャ数字は、
　　　　M : 1000、D : 500、C : 100、L : 50、X : 10、V : 5，I : 1、
それゆえ、CLXXX: 180。

　パッラーディオに関する碑
　　　　　　　　　　QUI
　　　　ALL'INGRESSO DEL TEATRO
ULTIMA INVENZIONE DEL SUO GENIO
VECCHIO DELL ' ETERNA IDEALE CITTÀ
　　　L' ACCADEMIA OLIMPICA
　　　　　　　RICORDA
　　TRA I SUOI FONDATORI
　　ANDREA PALLADIO
ここ本劇場－－彼の天才の最後の創造物、永遠の理想都市の先駆（さきがけ）
－－の入口に、オリンピカ・アッカデミアは、その創設者達の中からアンドレ
ーア・パッラーディオを記念して記す。

----

ingrèsso m 入口。　invenzione f 発明品。　ultima＜ultimo 最後の。
gènio m 天才。　vècchio m 祖先、先駆。　etèrna＜etèrno 永遠の。
ideale città 理想都市。　ricorda＜ricordare 記念する の単数 3 人称。
tra の中で。　fondatori＜fondatoré m 創設者 の複数形。

　シニョーリ広場
　　シニョーリ広場は、バジリカや美しいヴェネツィア総督官邸などが建ち並
ぶ、街の中心地である。バジリカの屋上は眺めの良いところで、ガリバルディ
に関する碑があった。ガリバルディは 19 世紀にイタリア統一を成し遂げた英

雄で、イタリアのあちこちで彼の銅像が見かけられる。

　　　　DA QUESTA LOGGIA
　　　　IL 7 MARZO 1867

　　　　　GARIBALDI
PARLAVA AL POPOLO VICENTINO
　　　　　INVOCANDO
　　ROMA CAPITALE D'ITALIA

　　　　ー ー ー ー ー

　　　　IL COMUNE
　　　　MDCCCC

1867 年 3 月 7 日に、このロッジアから、ローマをイタリアの首都とすること
を祈願しつつ、ガリバルディはヴィチェンツァの民衆に向かって演説した。
　　　　ー ー ー ー 　　　　コムーネ。西暦 1900 年

----

da 　〜から。questa＜queato　この　の女性形。lòggia f　開廊、屋上テラス。
marzo m 3 月。parlava＜parlare　の半過去単数 3 人称。
popolo Vicentino　ヴィチェンツァ市民。comune m　市。
invocando　祈願しつつ＜invocare　祈願する　のジェルンディオ。
　　MDCCCC: 1900。

　ラ・ロトンダ

　ラ・ロトンダは、周囲の自然との調和を目的とした邸宅であるが、居住用に
適しているとは到底思えない。しかし、ヴェネツィアのサン・ジョルジョ・マ
ッジョーレ教会と同様に、その十の字形の基本構造には、建築物における彼の
採光の重視への思い入れの強さを感ぜずにはいられない。

5.8　ヴェローナ

ヴェローナ案内

　S 字を左に 90 度回転し寝かせると、右側が上に凸の曲線を描く形となる。
ヴェローナは、アディージェ川がこの形で流れる凸の内側の部分に、その観光
名所が集中している。ヴェローナ・ポルタ・ヌオーヴァ駅 Verona Porta Nuova

は、それよりだいぶ南に位置しており、バスでヴェローナの中心であるブラ広場 Piazza Brà に行き、そこから近くの予約してあったホテルにたどり着く。晩にアレーナ Arena 円形劇場 Anfiteatro Romana でアイーダを観劇する予定なので、夜半過ぎてもホテルに無事戻って来られるように、辺りの通りを観察して目印となるものを記憶に留めておく。

　ホテルに荷物を預けてからヴェローナ見物に出かける。

　アレーナはブラ広場に面して作られている。4つの古い石造のアーチだけが残存してアレーナの外側の一部を高く囲っているのが印象的である。アレーナの切符はネットを通して予め購入しておいたが、グレードごとに入場口が違うので下見をしておいた。

　アレーナの横の通りをまっすぐ進んだところにあるランベルティの塔 Torre dei Lamberti に登り、周囲を展望し、これから訪れる建造物の位置の目安をつける。

　シニョーリ広場 Piazza dei Signori を過ぎて、鉄の柵で囲まれたスカラ家の廟 Arche Scaligere の後ろの通りの右には、シェイクスピア Shakespeare の名作『ロメオとジュリエッタ Romeo e Giulietta』のロメオの住んでいた家が残っている。

　アディージェ川の手前にあるサンタナスターシャ教会 S. Anastasia の内部は床とアーチ状の天井が美しい。内陣右には、『聖ゲオルギウスと王女』のフレスコ画があり、入口を入ったところでもテレビで映写解説していた。

　ピエトラ橋 Ponte di Piatra でアディージェ川を渡ると、テアトロ・ロマーノ Teatro-Romano がある。途中までしか登らなかったからか、物足りない印象だった。

　カステルヴェッキオ Castelvecchio は、アディージェ川に沿って立つ中世の城で、内部は市立美術館 Civico Museo d'Arte になっている。

アレーナでのアイーダ観劇

　ヴェローナのアレーナは、屋外で行われるオペラ開催では世界的に有名な劇場で、6万人を収容する。劇場全体は楕円形で、舞台は楕円の長い軸の端に置かれている。舞台中央には、鉄骨で2つの櫓が組まれ、クレーンにより舞台装置を付け替えたり移動したりできるようになっている。舞台の側面およびその背後の石段には観客を入れず、舞台装置の一部として6つの巨大な（クロワッサン形の）テントが置かれ、空気を入れ膨らませて雲があるような効果を上げるようになっている。座席のグレードには6つの階層がある。料金は曜日によって違うが、観劇した日の一番高い席は189ユーロで、一番安い席は29ユー

アレーナのオーケストラ・ボックスと舞台装置

ロであった、各グレードに応じて入口は異なっている。高いグレードの席は平土間の普通の座席の席、安い席は傾斜した石段の（野球場にたとえると外野に相当する）席である。席の番号は、中心線から左は偶数番号、右は奇数番号で区別される。（それゆえ、隣り合う席の番号は2つずつ離れている）。

我々は日曜夜にアイーダを観劇した。欧米人が多い。ニューヨークから来た、と言っている声も耳にした。どれ位の入りなのか、時々周りを見回したり、外野席を眺めたりしてみる。当日の入りは、8割位ではなかろうか。開演時刻は午後9時である。ヨーロッパでは、緯度が高いので日が暮れるのは遅く、まだ空は薄青い。舞台上には沢山の人々が並び、背後の劇場外縁には燃える松明を持った人々がぐるっと並んで夜空を背景に浮かび上がっている。時間が経過するにつれて、日は暮れて真っ黒な夜空となり、照明が一層映える。

歌手は、アイーダとラダメスの声量は素晴らしかった。アイーダの恋敵のアムネリスも最初は調子が出なかったようだが後半は盛り返してきた。席が舞台とオーケストラ・ボックスに近かった（前から6列目）せいもあり、歌手の声量とオーケストラの音楽は文句なく十分であった。さすがは世界的に有名な舞台だけのことはあって、手抜きはしていないと思った。指揮者はカラヤン張りの美男子であった。

オペラの終了時刻は午前1時頃であったが、ホテルのフロントは待ってくれていた。

Ho Fame

ミラノでは、乞食が Ho Fame と記したプラカードを掲げて、喜捨を求めている。文字通りに解釈すると「腹が減った」ということであるが、「食事をするお金も無いので、どうぞご寄付を」と言うことであろう。「乞食（こじき）」という言葉は、「食を乞う」というところから来ているのだと悟った次第である。

ヴェローナでも、老齢のおばあさんがアレーナの側で喜捨を求めている姿を見かけた。夜同じ場所を通りがかったら、昼間のおばあさんの代わりに、男が座っていた。

　ミュンヘンでもこのような人々を見かけたが、通りがかった子供が親からはした金を貰ってあげていた。旅行者は、寄付をするために財布をポケットあるいはウェイストポーチから出すとスリに狙われることになるので、普段から端金をポケットに忍ばせておいて、何食わぬ顔をしてさっとお金を落とすように置いて通り過ぎるのが良い、と思う。

ヴェローナ駅での出来事

　ヴェローナ・ポルタ・ヌオーヴァ駅からミラノ行きのレジョナーレ（普通列車）に乗るべく、我々を含めた乗客達は駅の時刻表に載っている3番線で列車を待っていた。しかし、OBB と車体に記されたミュンヘン行きの列車がデンと腰を据えて退こうとしない。プラットフォームの乗客達は怪訝な顔をして待っていたのだが、予定の発車時刻を過ぎてもそのままである。イタリア語での放送はあったが、この件については言及していないようであり、まして英語の放送などはない。我々もとうとうしびれを切らして、エレベーターで地下道に降り5番線のプラットフォーム上がってミラノ行きの特急に飛び乗った。もちろんミラノまでの乗車券は前日に購入済みだが、特急券など持っていない。そのため私は躊躇したのだが、イタリア国鉄に責任はあるのだからという家内の言い分に従ったのである。特急は全席指定制なので、車内ではしばらく遠慮して二人とも通路に立っていたが、そのうち空いている席に座ってしまった。検札は来たが、その辺の事情はよくあることなのか、文句を付けられないで済んだ。

5.9　ストレーザ

マッジョーレ湖のベッラ島

　マッジョーレ湖の湖畔にあるストレーザ Stresa へは、ミラノ・ガリバルディ駅からドモドッソラ Domodossora 行きの列車に乗る。線路は複線ではあるが、本数は少ない。ストレーザの駅から少し歩いて湖畔の船着き場からモーターボートでベッラ島 Isola Bella へ行く。宮殿内部には、洞窟風の部屋、タペストリーの間、その他がある。外にはバロック庭園があり、真っ白な孔雀の親子が遊んでいた。全体は、幻想的で美しくはあるのだが、「バロック」の名の通りに色々有り過ぎてやや統一感に欠ける感じを受けた。

115

5.10 今回のイタリア北部旅行で目に触れた日本

『最後の晩餐』を見に行く途中で見かけた盆栽店では、幾つかの盆栽と下駄や扇子などが展示されており、「夏のバカンスでお出かけの間、当方で専門家が盆栽をお預かりして世話を致します（以下略）」という広告が目を引いた。また、ミラノのドゥオーモの傍らにある百貨店リナシメンテ8階には回転寿司のコーナーがあり、パドヴァには富士という日本料理店があった。スフォルツァ城内博物館の日本コーナーには、相撲や日本刀が展示されていた。

5.11 イタリアの印象

イタリアを訪れる度に感じるのは、美しい国であり、（石造のせいか）歴史の蓄積がすごいということである。

デザインや建築が専門の方々に訊いてみると、皆イタリアに留学したことがあるという。イタリアは、今でもデザインの分野では、世界に冠たるものがあるのであろう。

これとは逆に幾つかの問題も感じられた。あちこちで目にしたことだが、時計の表示が狂っている（バスの中にある時計さえ）ということである。日本時間を示しているのかと思われるものも多い。これは、時間にルーズであるという現れであろうか。また、ホテルでテレビ番組などを見ても（短い滞在期間ではあったが）、日本のテレビ番組の方がはるかに啓蒙的な番組が多い、と感じられた。EUの中では大国のイタリアには、もっと頑張って貰いたいものである。

地中海に突出した半島であるイタリアは、アフリカやアラブからヨーロッパへの難民が上陸するとっかかりとなる位置にあるため、治安の問題も他の諸国より大変なことは理解できる。

II　夢の実現の記録

6　フランス南東部旅行

6　フランス南東部旅行

（2015 年 6 月～7 月）

コース：アヴィニョン Avignon（ヴィルヌーヴ・レザヴィニョン
Villeneuve-lez-Avignon とアルル Arles を往復）－ディーニュ・レ・
バン Dignes-les-Bains－ニース Nice（エズ Eze 往復、サン・ジャン
・カップ・フェラ St.-Jean-Cap-Ferrat 往復）－リヨン Lyon－ブール
・ドワザン Bourg d'Oisans －ラ・ベラルド La Bérarde－リヨン

6.1　地理

　フランス南東部は、ローヌ・アルプ Rhône-Alp、プロヴァンス Provence、コート・ダジュール Cote d'Azur の 3 つの地方に分けることができる。

　スイス、イタリアと国境を接するローヌ・アルプ地方は、モン・ブラン山群（最高峰モン・ブラン Mont Blanc, 4810m）やエクラン山群 Ecrins（最高峰 Barre des Écrins, 4102m）などのフランスアルプスの中心地帯であると同時に、プロヴァンス地方を経て地中海へと注ぐローヌ川 La Rhône の水運を利用して古くから産業、金融や文化の開けた地方である。リヨン Lyon はその中心の位置を占めるフランス第二の都市である。スイスのローヌ氷河を水源としレマン湖を経て東方より流れ来るローヌ川は、北方のブルゴーニュ地方からのソーヌ川 Saône とリヨンの南で合流する。ローヌ川は、さらに、下流でヴァランス Valence の北でイゼール川 Isère を合流する。このイゼール川は、グルノーブル Grenoble 付近で、アルベールヴィル Albertville の方からの流れと、エクラン国立公園の山々の水を集めたラ・ロマンシュ谷 Vallée de la Romanche の流れとを、合わせた川である。

　プロヴァンス地方では、リヨンから南下するローヌ川は、アヴィニョン Avignon、アルル Arles などの都市を経て、カマルグ Camargue の三角州となって地中海 Mer Méditerranée に注いでいる。アヴィニョン、アルルには、ローマ時代の遺跡が沢山残っている。アヴィニョンの南でローヌ川に合流するデュランス川 Durance は、ピーター・メイル Peter Mayle の『プロヴァンスの 12 か月 A Year in Provence』で有名になったリュベロン山域 Luberon の南側を流れてきた。もっと南にはエクサン・プロヴァンス Aix en Provence、地中海に面するマルセイユ Marseille などの有名都市がある。

118

コート・ダジュール Cote d'Azur 地方は、サン・トロペ Saint Tropez から、カンヌ Canne、ニース Nice、モナコ Monaco、マントン Manton、さらにイタリアへと続く海岸で、Azur は青色、Cote は海岸を意味する。ニースは、コート・ダジュールの中心である。海岸に近い内陸には、ヴァンス Vence、エズ Eze などがあり、さらにずっと内陸になるが、ニースからプロヴァンス鉄道 Chemin de Provence でディーニュ Digne へと至る。この地方は、イタリアの北部に扇形に展開しているアルプスが地中海に没する辺りとなっており、海岸のすぐ背後には山地が聳（そび）える地形となっている。

6.2 アヴィニョン
アヴィニョン案内

パリのシャルル・ド・ゴール空港 CDG（Charles-de-Gaulle）Aéroport から TGV（高速列車、Train à Grande Vitesse）でアヴィニョンへと向かう。アヴィニョン TGV の駅からローカル線の普通列車 TER（地域急行列車、Train Express Régional）に乗りアヴィニョン中央駅 Avignon Centre で下車する。中央駅は、城塞に囲まれたアヴィニョンの入口の門の向かいにあり、門からは真っ直ぐな通りが法王庁宮殿 Palais des Papes の方向へ向かっている。途中にあるホテルに荷物を置いてから、法王庁宮殿に行き、日本語のオーディオガイドを借りて中を廻る。壮大な石造建築だが、中は空っぽである。その後民謡で有名なサン・ベネゼ橋 Pont St-Bénézet（半分しか残って居ない）を訪れる。この橋の巾は4m位しかないので、輪になって踊るのは出来そうも無い。さらに法王庁に沿って背後に廻るとロシェ・デ・ドン公園 Rocher des Doms に出る。そこからの眺めは素晴らしい。眼下にベネゼ橋、ローヌ川を隔てて、左にフィリップ美男王の塔 Tour Philippe le Bel、右にサンタンドレ要塞 Fort St-André が見える。

アヴィニョン旧法王庁

ヴィルヌーヴ・レザヴィニョン Villeneuve-lez-Avignon

ヴィルヌーヴ・レザヴィニョンとは、ローヌ川を隔ててアヴィニョンの対岸にある中世からある都市である。

次の日、アヴィニョンから歩いてヴィルヌーヴ・レザヴィニョンを訪れた。

途中中州のあるローヌ川を２つの橋で渡る。それからフィリップ美男王の塔に上り、さらにサンタンドレ要塞に向かう。

　要塞の中の右半分はサンタンドレ修道院 Chartreuse du St-André となっている。穴蔵のようなところで、映像によるサンタンドレ修道院の歴史に関する解説がある。音声はフランス語だが、英語の文章が画面上に表示されるので、何とか理解できる。この映画はバックグラウンドの音楽もなかなか良く、ドゥビュッシーDebussy の音楽が映像内容と見事にマッチしていた。映像を見終えて、建物内を辿ると、ボナール Pierre Bonnard の間など昔の家具や人形、陶磁器が置いてある部屋がある。修道院の庭に出ると、かなたの対岸に、アヴィニョン法王庁の建物が見える。木陰のベンチでは日本人の女の子が昼寝をしていた。今は、６月末で、暫く雨が降らないのか辺りは乾燥しており植物も活き活きとはしていなかったのが残念であるが、なかなか風情のある造りの庭なので、季節を選んで再訪問してみたい。

　要塞に上った後、祝福の谷の修道院 Chartreuse du Val de Bénédiction も見学した。

6.3　アルル Arles
アルル名所巡り

　アルルと言えば、昔旧家の応接間に電蓄があり、ビゼー Georges Bizet の作曲した『アルルの女 L'Arlésienne』組曲を LP レコードで聴いたことを思い出す。また、印象派の中ではゴッホの絵が一番好きだが、彼の馴染みの絵の幾つかはアルルで描かれた。そういう訳で、アルルは今回の旅行で是非訪れてみたい土地の一つであった。

　二つの円筒形に石を積み上げた異様なカヴァルリ門 Porte de la Cavalerie からアルルの街中に入る。

　最初に、ローマ時代に造られた巨大な円形闘技場 Amphithéâtre を訪れる。階段状の通路を最上階まで上り、内部を観察する。真ん中に楕円形の

アルルの円形闘技場

平らなグラウンドがあり、その周りを取り囲んでいる昔からある石造の観客席が上方に延びているが、途中から金属の材料で組み立てられた構造となっていて、未だ現役の施設として活用されていることが判る。これらの観客席は、観客の通路として使われている古代からある外周の石積みの内側にある。この雄大な建築物を見て、ビゼーは『アルルの女』においてあの規模の大きいプロヴァンス民謡『三人の王の行列』に基づく旋律を思い付いたのではないだろうか。そして、ここで繰り広げられる祭典の中では、プロヴァンス地方の民族舞踊が手を繋いで列になって踊られるが、その音楽がファランドール farandole なのであろう。

次に訪れたのが、古代劇場 Théâtre Antique である。 半円形の平地の周りを階段状の観客席が取り囲んでおり、さらに前面には平らな補強された舞台があり、背後にはローマ時代からの数本の柱が残っている。多分ここは、衣装祭 Féte du Costume の日に、民族衣装に身を包んだアルルの女達が集う場であろう。夏の庭園と隣あわせのこの古代劇場における陽光の下での昼餉時は、『アルルの女』でフルートが奏でる有名なメヌエットがふさわしい。

そのあと、オベリスクのあるレピュブリック広場 Place de la République へ歩みを進める。広場にはサン・トロフィーム教会 Eglise St-Trophime が面して聳える。教会の前では、花嫁がつけるような真っ白な長い長いレースのスカートをつけた美人が居て、写真撮影が行われていた。黒髪で、顔立ちから判断すると東洋系である。教会の中に入り、中庭の周りを取り囲む回廊 Cloître を巡る。日差しは暑いが、回廊の中は至って静かである。回廊の角にはロマネスク Romanesque 彫刻が刻まれているが、私にはその良さはよく判らない。

ところで、アルルと言えば、ゴッホ Gogh の絵が好きな日本人には、彼が描いた幾つかのアルルの風景のことを忘れる訳にはいかない。ゴッホは、上に述べた円形闘技場や古代劇場を描いてはいない。彼の描く対象は、あくまで身近にある自然、人間、家具そして建築物の範囲に限られている。彼が『カフェ（日暮れ）』を描いたフォーロム Forum 広場を訪れたが、周りのカフェのテーブルや椅子、テントが広場を埋め尽くしているので直ぐ退散し、エスパス・ヴァン・ゴッホ Espace Van Goch に向かう。ここは、ゴーギャン Gauguin との共同生活と別れ（その際には、例の自らの耳の切り取り事件をひき起こしている）の後に収容されたアルルの病院の跡地で、ゴッホの絵『アルルの病院の庭』を元にカルチャースペースとして再生されたものだそうである。周囲はぐるりと３階建てで１階部分はアーチの連なった回廊となっている。その中庭の中心に

は噴水を備えた小池があり、そこから赤白黄青の背の低い花々が咲き乱れた美しい花壇の中を通る小道が放射状に八方へと通っている。あちこちに茂った立派な樹木が樹影を花壇の上に投げ掛けている。回廊に近いところでは、いくつもの描きかけのキャンバスが立っており、熱心に画筆を振るっている人も見かけられた。日本人観光客が多く訪れるのか、日本語による土産店の案内看板があり、それに導かれて店内に入ると、「カマルグの塩の花 Fleur de Sel」など色々なものが陳列されていた。娘の注文を思い出して、お土産としてカリソンCalisson というお菓子と共に購入した。帰国後、この塩をジャガイモにつけて食したが、ピッタリ調和した味であった。普通の食塩ではなかなかこうはいかない。

6.4 ニース

ニースの海岸

アヴィニョンからディーニュ・レ・バン Digne les Bains にバスで移動し、そこからプロヴァンス鉄道 Chemin de Fer de Provence によりニースに向かった。この鉄道は山間を走るローカル線で、車窓からは沿線の山岳都市が沢山眺められる。

ニースに着いた日の夕方、プロムナード・デザングレ Promenade des Anglais を散歩した。ここは浜辺と車道の間にそれらに並行してつくられた巾の広い遊歩道である。夕景色の中をランニングしている人が何人も居た。爽快な気分であろう。車道の向こうには、ホテル群が立ち並んでいる。

別の日、シミエ公園 Parc de Cimiez から戻る際に、港行きのバスに乗る。港には、観光船やヨットなどがそれぞれ区分された領域に停泊している。城址公園 Colline du Château の丘が港と浜辺とを分けている。丘のうえには展望台Tour Bellanda があり、エレベーターで上がれる（無料）。丘の上から、港を眺めたり、反対方向の旧市街 Vieux Nice や浜辺（アメリカ通り Quai des Etats Unis、さらにはプロムナード・デザングレへと続く）を見下ろす。丘の下にはちょっとした崖があり、崖の上から少年達が代わる代わる海に飛び込んでいる。その崖のそばから奥行き数十メートルの浜辺が始まり、弓形に反った海岸がはるかかなたまで続いている。浜辺は、業者により囲まれた有料エリアと、フリーエリアとが交互に分けられて並んでいる、浜辺は砂でなく小石の集まりから成っており、遠浅ではないようである。そのせいか海に浸かる人よりも浜

で甲羅干しの人の方が多い。モーターボートに引っ張られた落下傘で海の上を行く人も見かけられた。

ロスチャイルド家男爵夫人の夢を実現した地を訪れる

ニースの長距離バス・ターミナルであるヴォーバン Vauban からエズ Eze を訪ね、エズの村 Eze Village とエズ熱帯庭園 Jardin Exotique d'Eze を見てまわった。山上からは、青い地中海の眺めを俯瞰できる。またヴォーバンに戻る。これから、フェラ岬 St-Jean-Cap-Ferrat にあるヴィラ・エフルシ・ドゥ・ロスチルド Villa Ephrussi de Rothschild の邸宅とその庭園（日本では、ロスチャイルド家と言った方が通りが良い）を訪ねるのだ。ヴォーバンで2人連れにガリバルディ Garibaldi に行けと教わり、Promenade des Arts から81番のバスに乗って Passable Rothschild で下車する。

この邸宅と庭園に付いて記すには、昨年訪れたイタリアのマッジョーレ湖 Lago Maggiore に浮かぶベッラ島 Isola Bella のボッロメオ宮殿 Palazzo Borromeo およびその庭園と比較したくなる。

ボッロメオ宮殿は、ストレーザ Stresa から船に乗って辿り着くベッラ島全体を占めており、周囲はマッジョーレ湖の水である。邸宅は17世紀に作られたもので、時代の風潮を反映してバロック調であり、全体の印象としてはいささかごたごた過剰な気味がある。宮殿は、ナポレオン Napoléon Bonaparte が宿泊したり、ムッソリーニ Mussolini が会議に利用したりもしている。グロッテ grotte（洞穴）風の造りの部屋があるなど規模は大きい。庭園は、2段に分かれ、バロック調に飾り立てられた棚を持つ。その前の緑の芝生上には、白い孔雀の親子が遊んでいた。それより一段下の庭園はフランス風の庭園であり、湖に近く素晴らしい展望を背景に持っている。

これに対し、ロスチャイルド家の庭園は岬の上に位置しているので、西と東には地中海が入り江となっている。ただ、敷地が岬の先端までは達していないのは残念である。本邸宅と庭園は20世紀に入ってからロスチャイルド家という大財閥の家に生まれた男爵夫人により造られたものである。邸宅は、個人の大邸宅であり、芸術的な雰囲気に満ちている。庭園は、フランス庭園、スペイン庭園、日本庭園、バラ園など9種の庭園から成っており、そのフランス庭園とスペイン庭園は素晴らしい。フランス庭園では、音楽に合わせて噴水が踊る仕掛けも備えており、スペイン庭園は懸崖と水を巧みに利用した造りになっている。

シャガール美術館を訪ねて

シャガールは、ロシア生まれのユダヤ人であるが、主にフランスで活躍し、第二次世界大戦の頃1941年から47年にかけてはアメリカに亡命、フランスに戻ってからはヴァンス Vence やサン・ポール・ド・ヴァンス St-Paul-de-Vence に居を構えた。

日本人にはシャガールの好きな人は結構多い。彼の暖かい色彩とファンタジーに溢れた構図で描かれた詩情豊かな絵画が好まれるのであろう。シャガールの絵は、以前から私の脳裏で気になる絵画として存在していた。それは天空に漂う精霊を青を基調としたイメージとして定着させていた。4年前に亡くなった姉は、女子美大の出身で、結婚後も、自宅で自ら信じる画風の絵を描いたり、近所の子ども達に絵を教えたりしていた。その画風は童画風で、フランスの童画展で賞を貰ったりしていた。また、世界中を旅行して、旅先の風景を描いていた。胃がんの手術をしてから、亡くなる前にそれらをまとめて出版した。姉の若い頃の作品の一つが我が家の居間にあるが、それは天使とオーロラが空中に浮かんだ単純な構図で、青を基調の色として描かれている。

ニースのやや山の手の所に、国立マルク・シャガール美術館 Musée National Marc Chagall がある。この美術館の展示の中心的テーマは、旧約聖書に登場する一連の代表的な場面（『人類の創造』『イザクの生け贄』『楽園追放』『ノアの箱舟』『モーゼの出エジプト』など）である。コレクションは未だ進行中のようで、私が訪れたときも、搬入と飾り付けが行われていた。

シャガールは「愛」の画家である。<<Dans l'Art comme dans la vie tout est possible si, à la base, il y a l'Amour.>>「芸術においては、人生におけると同様に、根底に愛があれば全てが可能である」と言っている。その言葉は、美術館のショップで購入した"ChAgAll"という題名の彼の生涯とその作品を扱った書籍の裏表紙に記されている。

同じ敷地にあるコンサートホールでは、シャガールの生涯を解説する映画を上映していた。その中には彼が絵を描いているシーンも登場するが、その早さには驚かされる。上に述べた画集には載っていないが、彼はパリ・オペラ座のモーツァルトの魔笛をヒントにした天井画も描いている。この映画の中で、絵は技術ではなくイメージが大事だというようなことを言っている。モーツァルトにおいては、曲の構想は奔流のように溢れ出、それを譜面に記す手間に苦労する位であったようで、事実彼の手書きの譜面にはほとんど修正の跡が見られないことは驚異とされてきた。同様に、シャガールも細部まで直観した絵全体

のイメージを見失わない内に、迷うこと無くキャンバス上に描き定着させていくというタイプの芸術家だったのではないだろうか。

同じ日に、マティス美術館 Musée Matisse も訪ねたが、こちらは内容的に期待外れだった。

これぞニース風サラダ

ニースで宿泊したホテルでは、ニースの地図を呉れて、繁華街としてマッセナ通り Rue Massena を紹介してくれた。この通りは、自動車の入ってこない、つまり歩行者天国の通りで、とても賑わっている。多くの店は店前の通りに机や椅子を張り出しており、それらで飲食を楽しんでいる人々が沢山見かけられる。しかし、私は一人旅なので、中に絵を飾ってある店を一軒選んで入った。

西洋料理に疎い私には、料理を選ぶ決定のプロセスは気の進まない事柄なのだが、『地球の歩き方』に出ていた「ニースでは、ニース風サラダを」の記事を思い出して、ビフテキ、ビール、ロゼワインとともに注文する。

出されたニース風サラダ（サラド・ニソワーズ Salade Niçoise）は、トマト、キュウリ、ズッキーニ、ピーマン、レタス、タマネギが大皿一杯に盛られており、その上にゆで卵、ツナ、アンチョビがのっている。味付けも良く、フランスに来てから野菜不足だった私には実に旨かった、一緒に頼んだビフテキやアルコール類も、旅行中は昼食を食べず水も余り飲まないで歩いている私にはピッタリである。合わせて 28 ユーロであるが、それだけの価値は十分ある。これらの組み合わせがすっかり気に入って、ニースに居る間は同じ店で同じ注文をした（最後の日は、残念ながらその店の不意の工事で出来なかった）。

6.5　ラ・ベラルド

ブール・ドワザンでの思わざる一泊

エクラン国立公園の山中の登山基地ラ・ベラルド La Bérarde に行ってみたいと思ったのは、フランスアルプスを訪ねた記事をネット上で見てからであった。ウィンパーの『アルプス登攀記』にも、バール・デ・ゼクラン Barre des Écrins（4102m）の初登攀の様子が克明に描かれている。

フランス旅行のはじめの地理のところに述べたラ・ロマンシュ谷は、名峰ラ・メイジュ La Meije（3983m）の北側を流れる谷でブリアンソン Briançon へ至る道があるが、途中ル・ブール・ドワザン Le Bourg-d'Oisans 付近でラ・メイジュの南側を流れるヴェネオン谷 Vallée du Vénéon を合流する。ラ・ロマンシュ

125

谷には、ラ・メイジュとその隣のラトー峰の広大な氷河を望むラ・グラーヴ La Grave という村があり、そこから氷河の傍ら 3200m のところまで達する空中ロープウェーがある。これに対し、ヴェネオン谷は、エクラン国立公園の主峰バール・デ・ゼクランやその南側に連なる山々の氷河を水源としている。そういう訳で、最初にラ・グラーヴを訪れ、それからブール・ドワザンまで戻り、ヴェネオン谷をバスで遡って今回の旅の最後の目的地である終点のラ・ベラルドに行く、という計画であった。

　ところが、グルノーブルのバス・ターミナルでラ・グラーヴまでの切符を買おうとすると、道路が不通で、ブール・ドワザンまでしか行けないという。タクシーはどうなのかと訊いても、詳しいことは不明なので現地で聞いてくれということであった。ラ・グラーヴ（ホテルに 1 泊の予約）に行けないのはとても残念だが、そのあとラ・ベラルドの民宿に 3 泊の予約がある。ともかくブール・ドワザンまで行ってみることにした。

　バスの運転手は黒人女性だったが、状況を尋ねると、彼女は英語が話せないので、乗客の中から英語の話せる人を探し出して、フランス語－英語間の通訳の役割を頼んでくれた。ブール・ドワザンとラ・グラーヴの間の道路は不通であり、バスだけでなくタクシーも利用できないことが分かった。ラ・グラーヴに行くには、遠回りをして通行止めの反対側からならアクセスすることは不可能ではないようだが、その後引き続き、3 泊分の予約を取ってあるラ・ベラルドの民宿に行く予定であり、そこに行くには再度ブール・ドワザン Bourg d'Oisans に来なければならないことを話した。

　そこでブール・ドワザンでインフォメーション・オフィスに行きたいことを話してバスで連れて行ってもらった。現地の観光案内所 Office du Tourisme （ i マークで地図上は表されている）には英語が通じるマダムが居たので、今晩の宿を探して貰った。彼女は幾つかのホテルに電話を掛け、三軒目のホテルに空室があることを見出し、そこへ至る道を矢印で書き加えた地図をくれた。

シャンブル・ドット宿泊初体験とアルプス見物

　ネットでラ・ベラルドの宿泊施設を検索すると、Bed&Breakfast の項目でシャンブル・ドット Chambre d'hôtes として Le Champ de Pin の存在が分かったので、英語で問合せをしてみたのが今年の 3 月末である。所有者本人から直接返事させるとのことで、数日後に、未だ私の問い合わせした期間は空いているとのメールがフランス語で来た（その後、彼とのメールの交換はフランス語で行った）。朝食と夕食付きであることを意味する demi pension 87 ユーロである。そ

の後、本当は手付け金を送ってもらうところだが、その代わりにお土産にする
ような住んでいる街の郵便絵はがきを送れというメールが来た。そこで、富士
山を背景にした新宿副都心のビル街の絵はがきと、今春新宿御苑を訪れた際に
買った桜の花の絵はがきとを航空便で送った。少し経ってから、「受け取った。
とても美しい。アルプスの中でお会いしましょう」というメールが来た。

　さて、前日宿泊したブール・ドワザンから朝のバスでラ・ベラルドに行く。

　村のショッピングセンターで場所を聞いて、目的とする民宿に辿り着く。道
路から石畳を降り、野外の緑の中で食事するために並べられた机や椅子の傍ら
を通り、木造の山小屋風建物の中に入る。中は食堂で、カウンターとルンペン
・ストーブが一角にあり、奥の台所は見えない。半袖のシャツと半ズボン姿の、
やや小太りで短い白髪の眼鏡をかけた６０才位の男の人がいたので、挨拶し
た。

　　私の名前は、間野暢興です。

　　Je m'appelle NOBUOKI MANO.

　　あなたが、ティエリー・コムさんですか？

　　Vous êtes Thierry Combe?

相手は、ティエリー・コンブです、と修正した。

　　はじめまして！

　　Enchantê!

　私は、日本から用意してきたお土産（日本語、英語、仏語など８か国語で解
説された折り紙本と、北斎の版画カード６枚組）を彼にプレゼントした。ティ
エリーさんは、北斎の絵を眺めて、巨大な波頭のはるか後ろに富士山がちょこ
んと見える構図の『神奈川沖波裏』については、この絵は見たことがある、と
言った。日本人客は初めてだそうだ。彼は英語はほとんど出来ないが、一緒に
働いている若い人達は英語も話せる。私もやはり英語の会話になってしまう。

　私が泊まった部屋は、山小屋風の木造のシングルの個室（シャワー付き）で、
洗面台にはお湯も出るので洗濯するにも都合が良い。壁には、花の絵が数枚飾
られている。朝食は７時30分から、夕食は７時から、などと綺麗な筆記体の
フランス語で記した紙が木壁に貼られている。

　ハーフ・ペンションは朝食と夕食付きで。朝食はコンティネンタル形式、夕
食はムニュ形式であった。コンティネンタル形式というのは、宿泊費の安いホ
テルでは一般的な朝食の形式であるが、パンとコーヒーだけからなる。ムニュ
というのは、アントレ entrêe（前菜）、プラ plat（メイン）、および、デセー

127

ル dessert（食後のデザート）から構成される食事内容の形式を指す。アントレは野菜や果物、プラは肉料理が中心で、デセールは食後の甘い菓子とかアイスクリームなどからなる。彼らは、果たして日本人が彼らの普段提供している夕飯で大丈夫だろうかと心配してくれたが、私は、「あなた方の用意したものは何でも食べる。問題無い」と答えた。

　ラ・ベラルドをベースとするトレッキングコースについて問うと、ラ・メイジュの南壁目指して北方向にエタンソンの谷を辿りシャトルレ小屋 Refuge Chaterele を往復するコース、南方向にヴェネオン谷をテンプル小屋 Refuge Temple あるいは ピラット小屋 Refuge Piratte まで往復するコース、および、ラ・ベラルドのすぐ近くの岩山テート・ドゥ・ラ・メイ Tête de la Maye（2518m）を登頂するコース、を挙げた。最後のコースは難しいと彼らは口を揃える。何が難しいのかの私の問いには、彼らは理解できないのか、答えは得られなかった（実際に登ってみてザイルの付いた岩場が何か所もあったので、このことだなと理解した）。

　テート・ドゥ・ラ・メイは、エクラン山脈中の絶好の展望台なので、その山頂に登り周囲の山々と氷河を見渡すことはここ数年私の胸中に抱いてきた夢であった。そこで、最初の日まずこの山に登るつもりで、登山口まで娘さんに案内してもらい登り始めた。しかし、途中の分岐点での道標の存在に気付かず、シャトルレ小屋に行くエタンソンの谷沿いのコースを辿ってしまった、これは、テート・ドゥ・ラ・メイに登る道は細いこと、道標は背の高いヨーロッパ人相手に高いところに掲げられている（あるいは冬の深い雪を考慮してか？）ことなどが原因で、登りでは下を向いて歩くのが癖となっている私は気付かなかったのであろう。2日目に、今日こそはと再度テート・ドゥ・ラ・メイを目指した。しかし、テート・ドゥ・ラ・メイへの道標の存在を知らない私は、別の道に入ってしまい途中でおかしいことに気付いて引き返した。そして道標の存在発見後に正しい道を辿ったが、岩場に付けられた第

ドーム・デ・ゼクラン

一のザイル場を終えたところで疲労のため断念した。何しろフランスに来てから毎日晴天高温が続き、どこもかしこも乾ききっている。３日目は、道を間違えることは無かったが、第４のザイル場を終えた８合目位のところで疲労で引き返した。なにしろ、一人旅だから、捻挫を起こしただけでも大変である。でも、ラ・メイジュやドーム・デ・ゼクランなどの眺めは、頂上からの景色とは遜色ない眺めであったと思う。宿に帰ってからの若い娘さんの問いには、そう答えて、沢山沢山写真を撮ったと答えておいた。実際、天気は良く、山だけでなく路傍に咲く花を何枚も写真に撮った。岩場は、普通の登山道のように息を切らせることも無く、快適で多少スリリングな登攀が楽しめた。

　　そして、別れの日がやってきた。

　　「あなたの写真を撮らせて貰っていいですか？」

　　　Est-ce que je peux vous prendre en photo?

と言って、彼の写真を１枚撮って見せた。彼は今度は奥さんと一緒に来なさいと言う。

　　「あなたのおもてなしに深く感謝致します」

　　　Je vous remercie de votre hospitalité.

　　「とても居心地良かったです」

　　　C'était vraiment agréable.

　　「東京でいつか再会する機会を持てることを期待します」

　　　J'espere que nous aurons l'occasion de nous retrouver un jour à Tokyo.

　　「またお会いしましょう」

　　　À bientôt !

　　紙に印刷したこれらの文を半ば確かめながら私が挨拶すると、彼は、「あなたはフランス語を正しく発音できるね」とお世辞を言っていた。

----

vous 敬称２人称「あなた」の１格（〜は）、３格（〜に）、４格（〜を）。
prendre 〜 en photo 〜を写真に撮る。 remercie＜remercier 感謝する の単１。
remercier A de B B についてAにお礼を言う。hospitalité f もてなし。
C'était = Ce était、 était＜être の半過去単数３人称。vraiment 本当に。 agréable
気持ちのよい。espére que ~＜espérer 〜を期待する。 aurons＜avoir の単純未来
複数１人称。 occasion f 機会。 se retrouver また会う。À bientôt! では、また。

129

6.6 リヨン

リヨンの地理

　東方よりスイスのレマン湖から流れ来るローヌ川と北方のブルゴーニュ Bourgogne 地方からのソーヌ川 Saône が南で合流する地点にあるフランス第二の都市で、フランスの絹織物や印刷業など産業、映画発祥の地、美食で有名な都市である。NHK の番組『世界で最も美しい時』で『光の祭典、魔法にかけられる夜　フランス・リヨン』でも紹介された。

　西に流れるソーヌ川が「つ」の字に湾曲するその内側は旧市街 Vieux Lyon で、フルヴィエールの丘 Fourvière の上にはノートルダム・ド・フルヴィエール・バジリカ聖堂 Basilique Notre-Dame de Fourvière が聳えている。ソーヌ川とローヌ川に挟まれた新市街には北にオペラ座（やリヨン美術館）、中心にベルクール広場 Place Bellecour がある。ローヌ川の東にはやや離れて、リヨン・パール・デューLyon-Part-Dieu 駅があり、TGV や、グルノーブル Grenoble やアヌシーAnnecy 方面への列車が発着する．

リヨン観光

　リヨンでは、サン・ジャン大聖堂 Primatiale St-Jean を訪れたあと、地下ケーブルでフルヴィエールの丘に上り、ノートルダム・ド・フルヴィエール・バジリカ聖堂を訪ね、その前からリヨンの町並みを見下ろした。リヨンには様々な博物館や美術館があるのであるが、あちこちに分散しているので、地理に疎い観光客にはあまり都合が良くない街である。現地の人は英語が通じない人も多い。

日本の漫画と文芸

　リヨン・パール・デューの新しいショッピングセンターの中にある書店を覗いてみた。Mangas という標識の付いたコーナーには日本のシリーズ物の漫画が沢山置いてあった。その前では、若い女の子達がキャッキャッと笑いながらはしゃいでいた。アジア文学書のコーナーには、川端康成、三島由紀夫、井上靖、村上春樹などの翻訳本が見受けられた。総じて日本の漫画や文芸に興味を持つリヨンの人はかなり居るのではないだろうか。

フランスの鉄道

　フランスの駅では、ロビーの電光掲示板に出発する列車のリストが表示されているのは、日本と同じである。しかし、列車が入る番線は出発時刻の 2、30 分前にならないと表示されない点は日本と随分異なっている。乗客達は皆、自分の乗車する列車のそれが表示されるまで辛抱強く電光掲示板の下で待って

いる。そして、それが表示されると一斉にプラットフォームへと移動する。しかし、その列車に乗り込むまでは、安心してはいけない。その列車が本当にその番線から出発するのか注意を払っておくことが必要である。

リヨン・パール・デュー駅では、パリの方向へのTGVに乗車するのに、大ホールの電光掲示板に出発時刻の前25分頃に番線がDと表示された（5分の遅延retard）ので、乗客達は皆そのフォームに集まっていた。ところが、アナウンスがあり（筆者は聞き取れなかったのであるが）、周りの人々が一斉に移動し始めたので私もついて行った。プラットフォーム上の電光掲示板の前を通ると、該当列車がJ番線に到着・出発するように変わっていた。結局列車が駅を出発したのは30分遅れであった（TGVは時間通りに運行すると聞いていたので意外だった）。

出発時刻の2、30分前までホームを決めないという方式は、プラットフォームや線路という限りある資源を有効に利用している（TGVでもTERでも線路の巾は同じ広軌なので、日本のように広軌の新幹線と狭軌の在来線との区別は必要ない）とも考えられるが、これだけ列車の遅れがあると、それも考慮に入れての運用かと疑いたくなる。

なお、TGVは全列車座席指定である。当然車両番号coachも指定がある。何番目の車両がプラットフォーム上でどの辺りに停車するか示す掲示板もあり、アルファベットで示されるので、プラットフォーム上に下がっているその文字板辺りで待っていればよい。

ついでにもう一つ感想を追加したい。SNCFの列車は（そして、民間会社のバスも）、性能は問題無いが、洗車されておらず埃を被った状態で運行されているので、窓からの景色の眺めを楽しむのには向いていない。この点は、清潔好きの日本とは随分異なるように思える。そう言えば、今回の旅行では、街のパン屋は客の注文に応えて飾り棚から手づかみでパンを取り出すところが多かったが、日本では考えられないことである。フランスは日本に比べて空気が乾燥しているから問題ないのであろうか？　それとも、フランス人は衛生感覚があまり無いのか、あるいは日本人が几帳面すぎるのか？

6.7　今回のフランス旅行の印象
キックスケーターが流行している
リヨン駅前では、気軽にキックスケーターを利用している人々が目に付いた。相当な年齢のおばあさんがスケーターを使っている姿を目にしたが、急な

ことでカメラを取り出すのにもたついて、シャッターチャンスを逃したのは今でも惜しかったと思っている。

自転車王国

また、自転車を利用する人が多いこと、こんな急坂をと驚くほどの坂をマウンテンバイクで登ってくる人が結構いるのもヨーロッパの諸国の特徴であろう。ブール・ドワザンでも、観光案内所のマダムが「明日はビッグ・イヴェントがある」と言っていたが、翌朝宿屋の前を、自転車競技の集団が何組も走行するのを目にした。リヨンでは、1999 ユーロという立派な自転車が二台ショーウィンドウに飾られていた。もちろん 308 ユーロというずっと安いのもあったが。

地方のフランス人は親切

昔訪れたパリでは、フランス人はあまり親切では無いなという印象があった。しかし、今回の旅行では、一人旅の年配の旅行者ということもあってか、街角で地図を覗いていると様々なフランス人が声を掛けてくれた。冷淡な人の多いパリとは異なって、地方のフランス人は総じて親切な人が多い、と感じられた。

フランスは花が綺麗

ヴィルヌーヴ・レザヴィニョン、エスパス・ヴァン・ゴッホ、シミエ公園、フェラ岬、ラ・ベラルド周囲での高山植物など、実に種々の美しい花々に迎えられた旅であった。植物の名前に詳しくないので、花の名前をここに列挙出来ないのが残念である。

フランス土産のカマルグの塩

III 旅の計画立案
と
実行のための
ガイド

III 旅の計画立案と実行のためのガイド

1 手造りの旅の醍醐味

旅は、ことに良い旅、成功した旅は、人生を味わい深いものに、思い出深いものにしてくれる。

新聞の広告欄を見ると、旅行会社による世界中のパッケージツアーが氾濫している。確かに、計画・手配の面倒さが無いこと、旅行中は添乗員の指示に従って行動すればよく、交渉が必要の場合も関わりなく済ますことができる、という利点は相当なものである。

しかし、手造りの旅には、パッケージツアーには見いだせない、喜びと味わいがあり、セールスポイントがある。

まず、プラニングの段階から見て行く。旅は計画中から楽しい。ガイドブックや地図を調べながら、あそこを訪れよう、ここを見よう、のワクワク感が楽しい。今やインターネットの時代なので、ネットを利用して旅行を組み立てて、好きなところを都合の良い時に訪れて、好きなだけ時間をかけて、見物することができる。手造りの旅では、全部が自由時間なのだ。

実行の段階では、スケジュールの変更は自由だ。気に入ったところは何回でも訪れることができる。ツアーは団体行動であるから、個人の行動には当然規制がかかる。つまり、他人を煩わすことの無いように行動しなければならない。手造りの旅では、自分の体調に合わせた行動が可能だ。トイレだって自分のペースを守ることが出来る。一度現地の地理が頭に入ると、自由に歩き回れるようになる。多少の冒険精神と好奇心を満たすことが可能となる。好きなものを好きなだけ食べる。イタリアのジェラート、ウィーンのシュニッツェル、ミュンヘンの白ソーセージ、クールマイユールのラクレット、ニースのニース風サラダ、いずれも本場の味だ。お土産買いも、好きな時間だけ時間を費やして選ぶことができる。

旅行中は、心地よい緊張感とスリル感に満たされている。添乗員のガイドに導かれた旅では味わえない、未知との遭遇と予期しない驚きが待っている。すべてが事前に決定できる訳では無いのだ！　今の時代、会話はほとんどの場合英語だけで間に合う。もちろん、訪問先の国の言語が多少判れば、空港、駅、街中の商店の看板などの表示を読むときや、現地の方々に尋ねるときに好都合だ。旅の途中では、手助けして下さる現地の方々との交流も得られる。

旅行が終わった後は、達成感と思い出が残る。アルバムには撮ってきた写真で一杯だ。海外旅行の場数が増えたので、度胸がだんだんとつき、また出掛けたくなる。

　手造りの旅は、夫婦でもよいし友達どうしでも良いが、初めの内は２人（以上）で旅行されることを強くお勧めする。それは以下の理由による：

・割安である。ヨーロッパのホテルは、二人部屋を基本としている。
・一人の目よりも二人の目の方が、視野が広い。一人では見落としがちな印に気がつく。
・旅中の病気や怪我などの不測の事態の場合に限らず、心強さがある。
・空港や駅、街角でのトイレで、代わる代わる荷物番を頼んで、用を済ますことができる。

特に、夫婦二人の旅の良さとしては、男女両性の相補的性質に基づく異なる観点の利点、特に、食料、薬品、衣類、の準備に関しては、主婦の方がヴェテランであること、男同士の場合には意見の相違が起こり易いこと、などが挙げられる。なお、夫婦二人の旅の場合、とくに事前の計画と予約・手配を十分にすることが、現地での旅での無駄時間を少なくし頼りがいを上げるために重要である。特に、ホテルにはピンからキリまであるので、口コミなどを利用して、良いホテルを選ぶことは旅を快適に過ごすためのキーポイントになる。

　旅に慣れてきたならば、今度は一人で旅行することにも挑戦しよう。この旅の方が、現地の方々と会話する頻度がぐっと多くなることに気が付くだろう。

　ホテルでなく民宿に泊まるのも、一つの選択肢である。現地の人々と会話する機会を少しでも増やそうと考えるのなら、是非お勧めしたい。そのためには、現地語による会話が片言でも良いので出来るように、そして日本のことを多少でも紹介できるように、旅行前に多少努力しておきたい。

2　旅に関連する予備知識

　（「5　旅先での体験に関して」も併せて読まれたい）

2.1　旅行の計画は実行の３か月前に

　ヨーロッパへの旅行の計画／手配は、旅行の３か月前頃に行うようにすると良い。情報の収集はもっと前から折に触れて行っては来ても、最終的なスケジュールを決定し、切符や宿の予約をつつがなく遂行するためにはある程度の時間が必要である。とくに夏場は一般旅行者や学生達により飛行機・鉄道・ホテ

ルのどれもが混む可能性が高いので、早目に手配することが大事である。ジム
に通ったり近郊の山に登ったりして、旅行を成し遂げるための体力増強のトレ
ーニングも併せて開始する。

　山好きの人にとっては、アルプスの山々の氷河や雪渓、および、開花した高
山植物を観賞しながらトレッキングコースを辿るのに最適な時期は6月末か
ら7月上旬にかけてである。この時期には、年によりコースに残雪が見られる
ときもあるし、ロープウェーで山上に上ると氷河に触れることができる。

2.2　ヨーロッパへ／からの移動

飛行時間

　西から東へ吹く偏西風の存在の影響で、日本からヨーロッパへ行くときより
も日本に帰るときの方が短い飛行時間で済む。エールフランスを例にとると、
羽田（成田）→パリは12時間45分（12時間30分）、パリ→羽田（成田）は12時
間10分（11時間55分）である。

　羽田からフランクフルトへ飛んだとき、午前0時55分発の飛行機を利用し
た。すると、飛行中早く夜が明け、昼間の時間がエンエンと長く続いて面食ら
ったことがある。それまでのヨーロッパ行では、午後9時あたりに出発する便
であったので、飛行中十分長い夜を持つことが出来たからである。

飛行機

　移動に飛行機を利用する場合、一般に出発時間の2時間前には空港に着いて
おくようにする。これは旅の常識である。また、ヨーロッパは日本からは遠方
なので、直行便の飛行機を利用するにしても、発着に必要な時間を含めると
12時間位はかかる。まして、運賃の安い乗り継ぎ便だとさらに時間はかかる。

　なお、日本からヨーロッパの国へと飛行機で行く場合、普通日本を出発する
日と同じ日に目的国に到着するように飛行便を選ぶことは可能である。それに
対して、帰国する際には、現地を出発する日の翌日に日本に到着するのが普通
である。また、どの国でも国際空港のような大空港は多くはない。空港は都市
郊外にあるので目指す都市のセンターへ辿り着くには、電車、バス、あるいは
タクシーを利用する必要があり、相当の時間がかかることに注意したい。

時差と夏時間の存在

　この本が対象としているヨーロッパ各国では、中央ヨーロッパ統一時間を採
用しているので、どの時点でも同一の時刻となっている。ただし、これらの国

々では、夏期は時計の針を1時間進める、いわゆる夏時間の制度を採用している。日本では夏時間の制度は用いていないので、旅行中に境の日に知らずに遭遇すると、ビックリすることになる。夏時間にするのは3月最終日曜日で、深夜2時を3時に変更する。冬時間に戻すのは10月最終日曜日で、深夜3時を2時に変更する、2017年の夏時間施行の期間は3月26日から10月29日までである。それゆえ、日本とヨーロッパの時差は、夏時間の期間では8時間（p.133の写真から判るように、日本の方が8時間進んでいる）、冬時間の期間では9時間である。

ヨーロッパの夏の日は長い

ヨーロッパの各国は日本と比べて相対的に北に位置している。ローマは北緯42度、ミュンヘンは北緯48度、これに対して、東京は35度41分、札幌は43度である。それゆえ、ヨーロッパでは、夏時間施行の期間は、夕方でも陽が高く明るくなかなか暗くならない。レストランがオープンするのは午後7時なので、行動できる時間は長い、ただし、美術館や博物館の閉まる時刻やロープウェーの最終便はほとんど午後5時である。

2.3 鉄道旅行に関する事柄

イタリア、ドイツ、オーストリア、スイス、フランスでは、国鉄を利用することが多い。

ユーレイルパス

鉄道を用いてヨーロッパ旅行する場合、ユーレイルパスを利用すれば、交通費の節約と切符購入のための時間と労力とを大幅に削減することができる。これには、ただ一つの国の中だけを対象とするパスと、幾つかの国に跨るセレクトパスとがある。どちらのパスも、有効日数の範囲内でパスを使用する日を任意に指定できるフレキシブルパスがあり。さらに少数グループの旅行者を優遇するセーヴァーパスというパスもある。また、クラスとしては1等と2等がある。これらのパスは早期の売り出し時に購入すると有効日の1日追加の特典がある。気を付けるべき事柄として、該当国で使い始めるときに駅の窓口に提出して係の者にヴァリデートされるまでは一切の記入が禁じられていること、および、パスを使用する日には使用前にその月日を記入しておくこと、がある。なお、早期購入割引の切符は、キャンセルの場合返金がなされないことが多い。

スイスパスは、スイス国内を対象としたパスであるが、フランスのモン・ブ

ラン観光にも利用できる。スイスパスは１等を購入することを是非勧めたい。現地の人は節約のために大抵２等に乗るので１等は空いていることが多い。またスイスパスはレマン湖のような湖の遊覧船でも有効で１等だと甲板に出て周囲を思う存分眺めることができる（２等だと船室から出られない）（II-2.6参照）

鉄道の時刻表

鉄道の場合、次の(a)と(b)の２種類の時刻表がある。

(a)　総合的時刻表

『ヨーロッパ鉄道時刻表・日本語解説版』は、トーマス・クックのそれを引き継いだ書籍で、夏ダイヤ号と冬ダイヤ号の年２回発行されるが、ヨーロッパの旅行を計画するのに欠かせない本である。国際列車、国別、国際航路の３つに分かれており、それぞれについて、（各路線が番号付けで表示されている）路線図と、（始発駅名、主な途中駅名、終着駅名、および、指定番号、を表題とする）各路線の時刻表とが掲載されている。各国の路線全体を把握するのに、また個々の路線の主な各駅をつなぐ一日中の運行を調べるのに非常に便利な書籍である。各路線において、各便の一番上の欄にどの曜日の運行であるかを指定するマークが表示されている。

なお、ローカル線を利用する場合は、運行列車の本数が少なく、乗り継ぎが必要な場合も多いので、目的地の駅の到着すべき時刻を決めて、時刻表上でそれまでに到着できる便を逆向きに辿っていくようにするとよい。

(b)　乗車区間指定による時刻表

インターネット上の航空会社、鉄道会社やバス会社のサイトでは、出発駅と到着駅を書き込んで検索すると、その間で利用可能な列車（とその運賃）のリストを表示して呉れる。この手段は、現地の駅の自動券売機でも同様に適用できるので、利用価値大である。

列車やバスの運行は、曜日によって、つまり、月曜から金曜までの平日と、土曜、日曜、祝日とでは、運行時間と本数が大いに異なる。イタリア国鉄の時刻表、たとえば、ミラノ－ヴェネツィア間という、代表的な路線の時刻表を覗いてみると驚くに違いない。朝の通勤時間帯では、さすがに R（Regionale）や RV（Regionale Veloce）のような地域普通列車や快速列車があるが、日中はほとんど、フレッチャロッサ Frecciarossa あるいはフレッチャビアンカ Frecciabianca のような特急ばかりで埋まっている。これらの特急は指定席制で、乗車券の他に座席指定券を購入しないと乗車できない。

2.4　ホテルと民宿

ホテルのグレードと朝食

ヨーロッパのホテルは、提供している機能を基に、5つ星から1つ星までのグレードが付いている。筆者が宿泊する候補として取り上げるホテルは4つ星のものが多い。5つ星で表される最高級のホテルは宿泊代が高いのでほとんど候補とはなり得ない。

大抵のホテルの料金は、朝食込みである。ただし、フランスでは通常宿泊費に朝食代は入っていないので、予約時に別に注文しておくことが必要である。夕食は付いていない点は、日本の旅館と大いに違うところである（ハーフ・ペンションは朝食と夕食付き）。朝食の形式にも、ビュッフェとコンティネンタルの2通りの形式がある。ビュッフェ形式は、朝食の献立すべて－種々のパン（クロワッサンや干しぶどうの入ったもの、自分でトースターを使って焼く食パン）、ジュース、コーヒー、牛乳、ヨーグルト、ハム、チーズ、果物、など－が食堂の一角に予め用意されており、そこからセルフサービスで好きなだけ自由に食物と飲み物を調達できる形式である（日本ではバイキングと呼ばれてきた）。コンティネンタル形式は、パンとコーヒーだけの簡素な朝食である。

なお、朝食の開始時刻はホテルにより様々である。イタリアでは、イタリア人の夜型の生活を反映しているのか、朝食開始時間の遅いホテルが多い。大半は7時半からである。それゆえ、朝食をゆっくり食べている暇は無いことになる。宿泊代は朝食込みがほとんどであるし、ホテルの外で食事所を探す手間や時間も省けるのであるから、これは痛い。

4つ星以上のクラスで、やや大きなホテルの場合にはレストランが併設されていることが多く、そこで夕食を取ることは可能である。疲れているときなど好都合だが必ずしも廉価ではない。

ホテルを選ぶ基準

宿泊するホテルを選択するときには、特に次の3点に注意を払う。(a)(b)に関しては、宿泊予約時に、その旨の希望を記しておく。

(a)　タブ付きのバスルームを備えていること

(b)　2人連れ（夫婦あるいは友達どうし）の場合、トゥウィンベッドであること

(c)　駅に近いホテル

(a)　日本人はバスタブ付きの部屋を希望する人が多いという。ところが、ヨ

ーロッパのホテルでは、むしろシャワーだけというのが標準になっている。ホテルの個室風呂にゆっくり浸かることは歩き疲れや登山疲れを取るのに最適である。それだけでなく、バスタブ中に張り詰めたお湯を用いて洗濯することは旅費を切り詰めるのに欠かせない有効な手段であり、旅行中特にそこに連泊する場合筆者は労力を厭わず入浴後洗濯を行っている。洗濯に関しては、5.4参照。

（b）トゥウィンベッドとは、シングルベッドを２つ並べた形のベッドで、ダブルベッドは２人がその上で休める巾の広い単一のベッドである。２人連れの場合、個別のベッドの方が、つまりトゥウィンの方が、ゆっくり休める。

（c）駅に近いホテル

重いスーツケースを（駅から）ホテルにまでがらがら引っ張って行くのに、ホテルは駅に近い方がよいのは、当然のことである。また、駅に近いホテルは、慌ただしいスケジュールの場合、好都合である。ヨーロッパのホテルは大部分が朝食付きであるが、朝食の取れる時間帯はホテルにより様々である。朝早い列車に乗車するときは、ゆっくり朝食をとっている暇はない。なお、スイス旅行でライゼゲペック Reisegepäck を利用するときは、自身で駅にスーツケースを取りに行くのにも都合がよい。

実は、筆者の場合、旅行は都市観光だけでなくアルプスの前山トレッキングも兼ねているので、交通の便も非常に重要である。それ故(a)(b)よりもまず(c)がホテル選択における最初のキーとなっている。

なお、（最近のフランス旅行で感じたことだが）　ホテルや民宿、宿泊予約サーヴィス機関は一般に宿泊客を取るのは熱心だが、近辺の交通機関の状況に関しては無関心のところが多く、観光案内所の仕事と思っているようである。

電気製品（4［5］参照）

・電圧と周波数

電源の電圧と周波数は国によって異なる。炊飯器、湯沸かし器や電気髭剃り器などの電気機器は使用可能な電圧範囲に制限がある。購入時に海外での使用可能性をチェックする。

・電源のプラグの型

電源のプラグを差し込む先のコンセントの形は国によって様々である。それゆえ、海外旅行する際には、万能アダプターを必ず携行することが必要である。

・充電器

カメラによる撮影は頻繁に行うので、電池は毎日充電することが必要とな

る。そのためには、アダプターだけでなく、充電器も不可欠である。

2.5　旅行中の支払いと保険
通貨
通貨は、イタリア、オーストリア、ドイツ、フランスではユーロ、スイスではスイスフランである。

支払いの手段
支払いには、現金、クレジットカード、プリペイドカード（現金化）が使われる。トラベラーズ・チェックは平成 25 年廃止された。日本円を銀行で現金化することも可能だが、高い手数料を取られる。なお、田舎ではクレジットカードが使えないところもある。

カードを活用して所持金を減らす
旅行中は、スリや強盗による財布の盗難や紛失などのリスクに遭遇する可能性もある。そこで、その影響をできるだけ避けるために、持ち歩く現金はできるだけ少なくするようにしたい。そのためには、クレジットカードやプリペイドカードを活用することになる。ホテルの宿泊費などは、ネットで予約し宿泊後チェックアウトするときにクレジットカードで決済するのが普通である（最近は、チェックイン時に求めるホテルもある）。予約購入できる切符などは、あらかじめ日本に居るときにクレジットカードで支払いを済ませておく。またプリペイドカードは、現地の ATM で現金化できる（周囲への警戒を怠らないように）。クレジットカード、プリペイドのいずれも、万一盗難あるいは紛失した場合は、直ちに発行元に連絡すれば、悪用されるのを防ぐことができる。

旅行先の通貨による現金の準備
旅先の国での支払いは、大きな金額はクレジットカードを使用するが、現金による支払いの場合も必ずある。現地での日本円からの両替は手数料が高いので、勧められない。それゆえ、日本に居る間に円からユーロへと両替しておく。ただ、この場合も手数料は結構高い。それゆえ、少しでも旅行する気持があるのなら、普段から為替の変動に気を付けておき、円高のときに両替しておく。通常は紙幣にしか両替できない。現金だけでなく、プリペイドカードを一定額購入しておくのもよい考えである。

紙幣と貨幣
ユーロの場合、紙幣は 50€ （€ はユーロを表す）以下のもの、特に 20€ 、10€ 、5€ がよく使われる。額面 50€ 以下の紙幣でないと、相手方もおつりを

141

払えないので、受け取って貰えない。現地ではおつりに貨幣を貰うことが多いが、額面が異なっても似通った貨幣が多いので、受け取り時や支払い時に苦労する。また管理も結構面倒である。しかし、交通機関の料金や細々した物の購入、ティップなど、貨幣を使う機会は多い。地下鉄の切符の自動券売機など、貨幣あるいはクレジットカードしか受け付けない機械もある。トイレの扉を開ける際に必要となることもある。

海外旅行保険

旅行中に医者にかかると、高額な医療費を請求される。そこで、海外旅行を行う際には、疾病や傷害の保険に必ず加入しておくことが大切である。

携行品損害補償を付けておけば、旅行中に発生したスーツケースなどの破損もカバーしてくれる。空港のバッゲージ・クレームで受け取ったスーツケースが破損しているのを発見したならば、乗ってきた飛行機便の航空会社の係員に訴えて、破損の状況を確認した書類を貰っておく、帰宅後、指定された会社に連絡して修理に出せば、無料で修繕してもらえる。

2.6 トレッキング

ストックの使用

近年アルプスはロープウェーによる機械化が進み、誰でも山頂近くまで行けるようになっている。ロープウェーから見下ろすと、山駅から歩いて下山している人々の姿も見受けられる。1000 メートルの標高差を 3 時間ほどかけて降りるトレッキングコースが多い。しかし、アルプスのトレッキングコースは、日本のコースに比べると傾斜が急なところが多いので、下りの際には着地時の膝への衝撃は結構大きいので注意。ストックは 2 本あると大層役立つ。雪のある斜面でも、下に述べる三点支持に使えて非常に有効に働く。ただし、岩場ではストックは邪魔になるので、リュックにしまうが、落とすことのないようにしっかり格納する注意がいる。

所要時間の見積もり

トレッキングコースを歩く場合は、現地のガイドブックや道標は、一般に大柄な西洋人相手に必要時間が記されているので、日本人の場合 1.5 倍〜2 倍かかると見た方が安全である。

ロープウェーやケーブルの時刻表

ロープウェーなどでは、最終便は 17 時頃のところが多いし、昼休みの時間があるところもある。予想していなかった事態により、その後のスケジュール

に影響して、その日の内にホテルに帰着できるかどうかが危ぶまれる事態となることも起こりうる。

3　インターネットを活用した旅の計画立案／手配

　旅行のプラニングは、普通一遍では終わらない。計画の過程で発生する新たな追加情報や見落としていた制約が影響して、再調整が必要となることが多い。

3.1　立案の過程

情報の収集

　まず旅行先の候補地に関する情報を集める、情報源は様々ある。

・友達の口コミ

　現地を訪問したことのある友達から得られる情報は貴重で有益である。

・書籍から

　旅行本、随筆本、あるいは歴史本、美術本などから情報が得られる。

　筆者は、ゲーテの『イタリア紀行』を読んで、ヴィチェンツァという都市の存在を知り、アンドレーア・パッラーディオが設計した建築を実際に見たいという気持がわき起こり、旅程に組み入れることにした。訪問記はII5.7参照。

　最近は各種ホームページのURLアドレスが記されている場合も多い。

・ネット上の検索

　ネットの検索ソフトに場所名キーワードを入れることにより大量の関連データ・サイトがリストアップされるので、その内から関連度の深そうなサイトを選んで読む。また、その中にあるリンクをさらに辿ることにより、別の関連サイトへと移行することもある。プラニングに特に役立つと思われるサイト（予約が必須な美術館のサイト、利用しそうな鉄道やバスの路線や時刻表のサイト、地元あるいはマニアによる観光案内サイト）は、後で参照するために、ブックマークに登録しておく。

　美術館などについては、休館の日（曜日）を知ることが必要である。月曜休館のところは多いし、年末は休館のところもある。なお、入場料が日曜日は1ユーロとか、特定の日曜日は無料という美術館もある。

・広告メール

　何度も旅行を重ねていくと、過去の旅行の際に利用した、ユーザー登録済みの旅行業者のサイトからのニュースがメールで来るようになる。なかには、季

節割引の案内もある。メールを保存、印刷しておく。

訪問先の絞り込み

有名な観光地は、売り物としている多くのスポットを抱えているものである。それらは、重要性あるいは人気度により星（★マーク）数により何段階かにグレード付けされていることが多い。これらの情報は一般的に言ってかなり信頼のおける情報であり、訪問先の候補を絞り込む際に役に立つ。美術館や博物館については、所在地と休みの日を確認し、記録を取っておく。見所の多い都市では、宿泊するホテルは数日の間、旅の根城として働くことになる。

訪問先の都市が決まったら、良いホテルを選択する手続きを始めておくことを勧めたい。その理由は、沢山あるホテルの中から、予算、場所と環境、施設、サーヴィスなどの種々の面でふさわしいホテルを見つけるのは、結構時間を食う作業だからである。その際、口コミは結構重要な情報を提供してくれる。トリップ・アドヴァイザーのサイトでは、都市を指定すると、その都市のホテルの口コミランキングの表示を見ることができる。各自のホテル選択の基準に従って、上位から下位へと順に候補となるホテルを検討して行く。

訪問先の見学に要する時間

美術館や博物館は、規模によるが、絵画などの主立った収集品を鑑賞するだけでも結構時間をくうものなので、一日に訪問できる数は多くて２か所と考えた方がよい。あるいは、一日に１つとし、他の種類の見物と組み合わせることを考える。名のある美術館はあまりに多くの作品を展示しているので食傷しがちであるし、立ち通しで見て廻るのでとても疲れる。そこで、途中コーヒーショップなどで休憩を取り一息入れるようにするのがよい。

それに対して、教会内部の見学には、日本人は信者でないためか、それほど時間はかからない。

宮殿は規模が大きいものやそれに付随している庭園は、最低半日はかかる。一日費やして楽しめればもっとよい。

都市間の移動に要する時間

ヨーロッパを旅行する場合、幾つかの都市を渡り歩くのは普通のことで、都市間の移動に使う経路と要する時間も考慮に入れる必要が出てくる。旅行の経路を考えると、最初あるいは途中に宿泊したホテルに再び戻ってくるような計画となる場合も多い。このような旅行は、旅行客からすればスーツケースや差し当たり用の無いお土産などの荷物をホテルに預かって貰うという利点があり、滞在日数が増えるのでホテル側からも歓迎される。

飛行機、鉄道、バスの時刻表検索と利用便の選択

利用する路線の飛行機、鉄道、バス時刻表を検索し、プランに最適な便を取捨選択する。

入出国の日取りについては、混み合う季節、週末、および、ラッシュアワーの時間帯はなるべく避けるようにする。海外空港での乗り換えには、時間的余裕を持って行えるようにすることは大事である、

また、現地での日程を決める際には、列車・バスの運休日（特に日曜）と、美術館の休館日も考慮に入れて、前後に日程を調節する。

3.2　旅行日程の決定と予約

訪問する都市と滞在日数の決定

海外旅行に取れる日数や予算の制約内で、しかも上に記した事柄を考慮に入れて、訪問する都市と訪問先の候補を列挙し、各々の都市での滞在に必要とする日数を大まかに定める。これからあとは、さらにその詳細を練る段階へと入る。

旅行日程の決定

まず、日本を出発日する日と帰国する日を定める。これには、各人の勤めや家庭の事情が絡むが、それとは自由に決定することができる場合もあろう。

そして、どの都市に何日から何日まで滞在し、そのうち何日にはどこを訪問する、というような日程を、旅行期間の毎日について書き出す。

これにより、利用する飛行便、各都市で宿泊するホテルのチェックイン日とチェックアウト日、美術館の予約日と時刻などが決まるので、これらに予約することができるようになる。

通常、これら各種の予約は、旅行の３か月～２か月前に行う人が多い。

航空券の予約購入

入国出国の空港・時間帯と搭乗クラスを決め、航空券を購入する。搭乗券割引があるなら、早めの購入はお買い得である。キャンセルの場合には、通常数万円の手数料が取られる。

ホテルの予約

日程確定後、予め候補に挙げたホテルとの予約交渉に移る。
・ホテル選択の基準（2.4参照）
・旅行業者を通してのホテル予約

ホテルの予約は、旅行業者を通して行うのがふつうである（読者割引を利用

したい場合には下記参照）。

　なお、ホテルからのメールは、迷惑メールとして分類されてしまう場合があるので、返事がなかなか来ないと思ったら、迷惑メールのディレクトリを覗いてみる。

・読者割引のあるホテルは直接交渉

　読者割引のあるホテルの場合は、旅行業者を通さずにホテルと直接メールで交渉する。業者を通して予約した場合には、後から読者割引を利用しようとしても受け付けてくれない。

　交渉がまとまったならば、自分のクレジットカードの番号を相手のホテルに知らせることが必要になる。インターネットを用いるのは危険なので、FAXを用いて送る。

　その手順を次に記す。

　(1)FAX の機械に伝送する内容を記した紙を下向きに設定。

　(2)受話器を取って、ツーという音を確認。

　(3)次の番号列をダイアルする。

　　　　フランスの場合、国別 33 なので、

　　　　利用会社番号＋010＋33＋ x ＋＿＿＿＿＿＿

　　　　　↑0011　　　　↑　　　　　　↑0 を除く　　↑

　　　　　ドコモ　　　区切り　　　　0x　＿＿＿＿＿

　(4)FAX 送信ボタンを押す

　(5)受話器を置く

　(6)セットした紙がスキャンされると同時に、FAX 画面で折り紙飛行機が舞う。

　(7)すずめが鳴いて、終了。

　(8)相手のホテルへ FAX を送ったことを知らせる

　　　　（今回は、相手から受信したことを知らせるメールが来た）。

・民宿（B&B あるいは Chambres d'hôtes）に宿泊する場合

　この場合も民宿の主人とのメール交信による予約交渉となる。英語以外の言語による交渉の場合、辞書を引きながら相手のメールにある文章をうまく利用して返事のメールを書く。

各種切符の予約

・ユーレイルパスの購入（2.3参照）

・都市カードの購入

バス、路面電車（トラム）、地下鉄などが乗り放題の1日券、2日券、3日券があり、さらに、美術館や博物館が無料あるいは割引のものもある。都市カードの優待度は、都市によってかなり差がある。インスブルック・カード、ドイツの城めぐりのティケットはお買い得であった。

・美術館の予約

ローマのヴァティカン博物館、ボロネーゼ美術館、フィレンツェのウッフィツィ美術館とアッカデミア美術館は、いずれも予約が必要である。

訪問日時を決めてオンライン美術館切符セールスに対する公式サイトからサインアップする。

ミラノのチェナコロ・ヴィンチアーノ Cenacolo Vinciano （レオナルド・ダ・ヴィンチの『最後の晩餐』がある。II 5.2参照）の予約は、筆者は6月25日 15:45 入場の切符を4月17日にネットを通して手に入れることが出来た。入場料13ユーロ、前売り代3ユーロ、合計16ユーロ（2人分）であった。

パドヴァのスクロヴェーニ礼拝堂 Cappella Degli Scrovegni （II 5.6参照）の切符は、パドヴァ・カード48時間 Padova Card 48 ore と一緒に購入した。2人分で34ユーロであった。

・オペラ公演の予約（ヴェローナのアレーナの場合）

指定席と大衆席とがあり、さらに細かくグレードが分かれている。指定席はフォーマルドレスを着用することになっている。

メールで送付されてきたティケットをA4用紙に印刷する。当日指定されたゲートで見せ、バーコード読み取りにより認証される。

3.3　旅行前に済ませておくべき事柄

・海外で非常時に遭遇した時の連絡先を定めて、お願いしておく。

・旅行中の経路、および、日ごとに宿泊するホテルの名称、住所、電話番号、メールアドレスを記した予定表を作成・印刷し、留守宅を預かる人々に手渡す。

・旅に携行する携帯電話の番号、および、パソコンあるいはタブレットのメールアドレスを旅行中に交信する可能性のある人々に知らせておく。

・旅行先の通貨による現金支払いは必ず起こるので、そのための現金を準備しておく。

・近所へ旅行の挨拶をして、留守宅への気配りをお願いしておく。

　　　＝＝＞　帰宅後に、帰宅の挨拶とお礼が必要。

・新聞、郵便、生協配達、牛乳配達など、溜まって困るものは、ストップをか

けて、その間のものの保存をお願いするか、休止の意思を伝える。

・植木への水やりをお願いするか、自動給水システムを予め配置しておく。

　ちなみに、ミラノでは、「夏休みの休暇の間、盆栽を専門家が預かります」と張り出している店があった。ペットなども同様に、暫定的な預かり先を見つけて、お願いする。

・海外旅行保険へ加入する。

・国内空港までスーツケースを運搬してくれる業者に、搭乗する空港、飛行機便を指定して、（前日までに）自宅に取りに来てくれるよう依頼する。

・Wi-Fi、携帯電話、あるいはスマートフォン、国際ローミングの設定を携帯電話販売店にお願いする。

4　携行品について（表5　携行品リスト　参照）

　筆者は、限られた予算と時間をフルに利用して観光と登山の両方を堪能したいので、スーツケースとリュックサックの両方を携行している。スーツケースは飛行機搭乗の際チェックイン時に航空会社に預ける。リュックは機内に持ち込む（以下では両方について記したが、リュックサックは登山用、スーツケースは都会周遊用、と分かれている訳ではない）。

　目的地空港のバッゲージ・クレームで自分のスーツケースが見いだせない（つまり迷子になってしまった）ようなことも時にはあり得る。そのような場合は、（チェックイン時に貰ったスーツケースの預かり証の半券を該当航空会社に示しながら）その事実を訴えて、宿泊先のホテルに送ってくれるよう交渉することになる。スーツケースが届くまでは、機内に持ち込んだリュック内の携行品で何とかしのぐのである。このようなハプニングが起こりうることを想定して、最低限必要とする携行品をリュック内に入れておくようにする。

［1］旅行関係書類

・パスポート：「命の次に重要なもの」と言われている。

・海外旅行保険、そのしおり：スーツケースが破損した場合にも適用できる。

［2］支払いに用いる金銭

・貨幣小金の整理袋：貨幣には、2ユーロ、1ユーロ、50セント、20セント、10セント、5セント、2セント、1セントの種類がある。それぞれの特徴があるが、なかなか判別しにくい。

・クレジットカード：カードの暗証番号4ケタをキーボード入力し、OKボタンを押す。

・現地の現金：クレジットカードはすべてのところで有効とは限らないので、常に現金も用意すること。金額の大きい紙幣はおつりを貰うのに不便である。また、地下鉄の切符などの自動券売機では貨幣しか受け付けない（紙幣を入れる口が無い）。

・プリペイドカード：現地の ATM で必要に応じて現金を引き出す。

・日本円：日本内での使用、外貨が不足するときの予備用。

［３］重要書類入れ

［４］旅行用具

・スーツケースに巻くベルト：バッゲージ・クレーム場で自分のスーツケースを判別する際に効果がある。名札も付ける。

・圧縮パック：スーツケース内の空間を有効に使うために、衣類を圧縮して格納する。

・ビニール袋、風呂敷：脱いだ下着を収納したり、濡れると困るものあるいは濡れたものを入れて、スーツケースやザックで運ぶ時に使う。

・紐：洗濯物を乾燥させるときに使用する。

・磁石（コンパス）：地図を読む際に北の方向を知るのに使う。都会の中でも必要。

［５］電気機器

炊飯器などの電気機器には、使用可能な電圧範囲という制限がある。国によって電圧は異なるので、［渡航用］という言葉で注意を喚起した。

・万能電源アダプター：世界では国によって、電源の電圧と周波数が異なるだけでなく、プラグを差し込む先のコンセントの形が異なっている。それゆえ、海外旅行する際には、万能アダプターを必ず携行することが必要である。電気髭剃り、電気湯沸かし器、携帯電話あるいはスマートフォン、パソコンあるいはタブレット、そして Wi-Fi と携行する電気製品の数が多くなってくると万能アダプターが複数個欲しくなる。

・充電器：カメラの電池は毎日充電することが必要である。それには、電源アダプターだけでなく、充電器を持っていかないとカメラが使えなくなってしまい折角の旅行の記録ができないことになる。店で購入することも可能であるが、店を見出す手間と時間がかかる。

・日本語の入出力できるコンピュータあるいはタブレット［渡航用］、接続コード、および、その取り扱い説明書。

・（レンタルの）Wi-Fi ルーター［渡航用］

リヨンのような大都市の中でも、博物館や美術館など公共施設のあるところは分散している。地図にはすべての通りが記載されているわけでもないし、すべての街角ですぐに通りの名前が判明する分けでもない。磁石あるいはお日様により出来る建物の影を利用した東西南北の方位の判定も、地図を逆さまにしなければならない場合もあり、楽ではない。

・navi：カーnaviに準じた大画面と音声付きのものが欲しい。GPS内蔵で山歩きに使われているGarminは、画面が小さいのが難点で、老眼には辛い。その点について質問したところ、広い画面のものは電池が持たないとの返事であった。また、内蔵されることが必要なナヴィゲイト用のソフトアプリは日本では手に入らないのも難点である。しかし、最近の技術的進歩はめざましいので、レンタルあるいは買い取りで数年をして可能となるのではなかろうか。

　II6のフランス旅行では、息子の提案に従って、Wi-Fiを業者からレンタルしたので、フランスに到着後idとパスワードを一度設定するだけで（毎回充電は忘れずに行ったが）済ますことができた。宿泊したホテルと民宿はどれもWi-Fi可能ではあったが、それらを使用することは無かった。

　旅行者を紙上に印刷された地図を読むことから解放してくれる、カーナビに近い機能を備えた音声付きのスマートフォンの出現が望まれる。画面が広く老眼でも使えること、現地の言語と日本語の両方で現地の地図案内の表示・発声がなされること、が望まれる。旅行者が訪れる可能性の多い主要都市について、そのようなソフトが開発されたならば、随分と旅行は楽になることであろう。

・電気湯沸かし器［渡航用］：ホテルの居室で携行したインスタントラーメンや味噌汁、日本茶などを街で購入してきた飲料水（5.3参照）を沸かして飲食するのに用いる（5.5参照）。くつろいだ気分になること受けあいである。

・電子辞書：従来の携行品としての会話本や簡易辞書に置き換わるものとして急速な進歩を遂げた電子辞書があり、音声機能の充実が特に目を引く。取り扱う語彙や文法の範囲も広がっており、データカードを追加すれば、他言語用の電子辞書に容易に変化する。

［6］日常生活用具

・眼鏡、サングラス：海岸、山上、雪のあるところ、自動車を運転するときは必携。

・歯ブラシ、練り歯磨き、入れ歯、デンタルフロス：歯ブラシの用意の無いホテルも結構ある。

・クリネクス・ティシュー：眼鏡を拭く、鼻をかむ、洗面後、こぼしたときな

ど使い道は広い。ポケットティシュだけでなく、箱もあると便利。

・スリッパ：飛行機やホテルの中で靴を脱いで楽にする。

・日焼け止めクリーム：列車に乗る場合でも役立つことがある（Ⅱ2.7）。

・爪切り：長期間の旅行だと、旅行中に爪が結構長く伸びる。

［7］衣類

・シャツ、パンツ：なるべく荷物を少なく済ますには、旅行中自分で洗濯すること。そうすれば、着ていくものを入れて最低限3枚あれば足りる。

・パジャマ：ホテルによっては用意のないところもある。

・飛行機内あるいはホテルルーム内のスリッパ

［8］飲料、食料

レストランなどで食事する代わりに、現地の生協、スーパーなどで食糧品を購入することにより食費を安くすませることも可能。

・味噌汁の素、ラーメンなどのインスタント食品、お茶、一口羊羹、豆類、味付け海苔、あめなど、日本でしか得られないもの：現地の飲食物が続くと日本の味が恋しくなるし、街のスーパーやタバッキーなどで購入したものと一緒にホテルの部屋で食事を済ませて、食費の節約を図る手もある。

インスタント食品の飲食には、現地の食料品店やタバッキーで炭酸の入っていない水をペットボトルで購入し、［5］の電気ポットでお湯を沸かす。

・指先の消毒・清浄薬：食事を取る前に手指の消毒をしたい。レストランでは、食事の前に、日本のように手ふきなどが配られることは無い。市販されている液体のものを日本から用意していく。

［9］登山用具

・リュック、サブザック：簡単なハイキングならサブザックも便利。

・軽アイゼンあるいはスノー・ラケット：軽アイゼンは4本歯のアイゼンを指すようであるが、氷河の上を歩く場合など本格的な登山の場合には8本歯のものが必要。スノー・ラケットは、雪の残って居るトレッキングコースなどで使用する。

・ストック：左右2本必要。折りたたんでスーツケース内に格納できるサイズのもの。最近は、折りたたんだ長さが36cm位のものも市販されている。しかし、構造が複雑なため、使用法に慣れる必要があり、疲れの出やすい山行においては面倒と感じられる。

・ヘルメット、ハーネス：これらは鉄の道を登る際に必要なものである。

ハーネスは、腰に履いた装身部から延びた2つのベルトの先にカラビナが付

いている。鉄の道では現地に設置されたワイヤロープにカラビナのリングを引っかけることにより、岩場でのスリップ時に墜落する距離の最小化を図る。ワイヤロープの支点となっているハーケンの前後では、カラビナの付け替えが必要となるが、その際スリップによる落下事故が起きる危険性がある。そこで、安全性を確保するためにハーネスのベルトを2本にして、どの時点においても必ず一本以上のベルトのカラビナのリングがワイヤロープにかかっている状態を保つ。

・雨具（セパレート型のレインコート上下）：高所での防寒にも役立つ。
・ビニール袋：雨具を着る際に、両登山靴の上にかぶせて、雨具を汚さないようにするなど、種々の役に立つ。

表5　携行品リスト

［1］旅行関係書類
・パスポート
・海外旅行保険、そのしおり
・ポートレート写真、健康保険証の写し
・手帳、筆記用具
・ホテル予約書、
・ユーレイルパス、そのほかの予約したカード
・国際免許証
・ガイドブック
・地図
・自宅－空港間スーツケース配達依頼書

［2］支払いに用いる金銭
・財布、小銭入れ、スイカ
・クレジットカード
・プリペイドカード
・現地の現金（紙幣、貨幣）
・貨幣小金の整理袋

・日本円

［３］重要書類入れ

・ウェイストポーチ

・胴巻き

・（首から下げる）パスポート入れ

［４］旅行用具

・スーツケース

・スーツケースに巻くベルト

・鍵付きチェーン

・圧縮パック

・ビニール袋、風呂敷

・（洗濯物を乾燥させるときに使用する）紐

・磁石（コンパス）

［５］電気機器

・万能電源アダプター（複数個）

・充電器

・携帯電話［渡航用］（接続コードも）と海外での利用ガイドブック

・電気髭剃り［渡航用］（接続コードも）

・お茶を沸かす電気ポット［渡航用］（接続コードも）

・小型魔法瓶

・時計、目覚まし

・カメラ、電池、SD カード

・日本語の入出力できるコンピュータあるいはタブレット［渡航用］、接続コード、およびその取り扱い説明書。

・（レンタルの）Wi-Fi ルーター［渡航用］、接続コード、取り扱い説明書

・電子辞書

［6］日常生活用具
・眼鏡、サングラス
・歯ブラシ、練り歯磨き、入れ歯、デンタルフロス
・クリネクス・ティシュー
・スリッパ
・薬（胃腸薬、風邪薬、目薬、絆創膏、虫よけ、蚊取り線香）
・日焼け止めクリーム
・爪切り
・衣類修理用具
・折り畳み傘

［7］衣類
・（着ていく上着とズボン以外に）予備の上着とズボン
・セーター
・シャツ、パンツ
・下着、着着替え、
・靴下
・手袋
・帽子
・手ぬぐい、ハンカチ
・パジャマ
・飛行機内あるいはホテルルーム内のスリッパ
・目隠し
・耳栓

［8］飲料、食料
・味噌汁の素、ラーメンなどのインスタント食品、お茶、一口羊羹、豆類、
　味付け海苔、あめなど
・ペットボトル、収縮可能カップ、カップ、割り箸、フォーク、スプーン、ナ
　イフ、紙コップ、紙皿

・指先の消毒・清浄薬

［9］登山用具
・リュック、サブザック
・（リュックを雨に濡らさないための）リュック・カバー
・登山靴、
・軽アイゼンあるいはスノー・ラケット
・ストック（左右2本必要）
・懐中電灯（頭部装着）
・雪眼鏡、双眼鏡
・ガイドブック
・登山用地図
・磁石
・GSPナビ
・水筒
・魔法瓶
・ヘルメット、ハーネス
・雨具（セパレート型のレインコート上下）
・折り畳み傘
・登山靴用靴下
・手袋、軍手
・首巻き
・セーター
・防風衣
・ビニール袋

5 旅先での体験に関して

5.1 空港

出発時（日本出国）

・繰り返しになるが、搭乗する飛行機の出発時刻の2時間前には出発空港に到着していること、これは海外旅行をする際の常識である。予め連絡しておいた宅配便会社に前日自宅に取りに来て貰い預けたスーツケースを、空港の荷物受取カウンターで受け取る。それから、搭乗する航空会社のチェックインカウンターで、パスポートを見せて搭乗手続きを行う。なお、搭乗飛行機の予約時に業者が送ってくるEティケットは、ティケット番号など様々な重要な情報が記されているが、乗客側の控えのための書類である。同じ飛行機で運んで貰うスーツケースや機内持ち込みの手荷物については、クラスにより異なるが、重量、サイズ、個数、の各々に制限がある。スーツケースを預け、搭乗券 boarding-pass と預けた荷物の半券 baggage-claim-tag を貰う。この半券は、到着空港でバッゲージ・クレーム Baggage Claim に自分の荷物が出てこない場合などに該当航空会社のカウンターで交渉する際に重要なので、搭乗券と一緒にきちんと管理する。搭乗券には、搭乗者名、出発空港名と時刻、到着空港名と時刻、搭乗する便番号、ゲート番号などが記されている。なお、日本からの出国時の空港では日本人の係員が対応してくれるが、ヨーロッパからの帰国時には係員が外国人の場合や、自動化されていて機械相手の場合もある。後者の場合は特にハラハラするが、一度操作に失敗しても要領が判ってくるし、周りの人に助けてもらうことも可能だ。

セキュリティ・チェック

携行品検査（英：Baggage check、独：Überprüfung für das Gepäck、伊：Esame di bagàglio、仏：Examen pour les bagages）

搭乗する者が必ず受けなければならない検査にセキュリティ・チェックがある。この検査を受けるのはチェックインの後直ぐでなくともよいが、持ち込む手荷物のX線検査とボディ・チェックは時間がかかる場合があるので、慌てないように時間的余裕を見ておく。持ち込む手荷物には制限があり、液体の入った瓶やプラスティックは取り上げられてしまう。化粧品、練り歯磨き、目薬、飲料などは、スーツケースに入れて預けておく（ただし、セキュリティ・チェックを通過したあとのタックスフリー・ゾーンで販売されているものは機内持ち込み自由である）。また、パソコンや金属物はリュックから出して示すこと

が必要である。ボディ・チェックでも金属片を含むものを身につけていると、ゲートで引っかかり、係員による身体検査を受けることになる。爪切りやはさみもスーツケースに入れて預けておくべきものである（なお、最近は空港だけでなく鉄道駅でも厳しい検査が行われるところがある）。セキュリティ・チェックを通過したならば、ゾーン外に出ることはできない。次に、出国審査カウンターでパスポートと搭乗券を見せたあと、タックスフリーの店などを見て時間を過ごす。飛行機の出発時刻よりも30分以上前に指定されたゲートに行き、あたりにあるトイレで用を済ませて、搭乗の時間が来るまで待つ。搭乗の順は、ビジネスクラスの乗客が先で、エコノミークラスの乗客はその後になる。

到着空港での入国審査

到着地の時刻は、機内客席前の画面に表示されるので、時計の針を合わせておく。

EU以外の国から飛来した乗客は、到着空港で入国審査を受けなければならないが、長期で無い観光目的の乗客はほとんど問題無く通過できる。なお、その旅行で一度EUに入国した乗客については、シェンゲン協定により審査が免除されている。

バッゲージ・クレームで自分の荷物が出てこなかった場合

到着空港のバッゲージ・クレームで自分の荷物が出てこなかった場合、乗ってきた航空会社のカウンターでその半券を見せて、荷物が出てこないことを言う必要がある。そして、旅行先のホテル名・住所を知らせて、そこに送ってもらうようにする。ほとんどの場合、数日後には配達される。スーツケースが到着するまでは着替えなどに不自由するので、必携品は別に機内持ち込みの手荷物にパッキングしておくのは、渡航の際の常識であろう。

帰国時、TAXFREEの扱いを受けるためには

空港のTAXFREEショップで購入するのが一番問題無い。空港の外（一般市街）で購入する場合は、書類を作ってもらっておき、空港のコーナーで払い戻しを受ける。ただし、酒類などはスーツケースに入れておき飛行会社に預ける（携帯品としては機内に持ち込めない）。認定を行う窓口と、現金払い戻しの窓口は、別になっている。窓口には長い行列が出来る場合もあるので、その時は帰国後に手続きを行う。

フランクフルト空港での体験

フランクフルト空港は、兎に角、馬鹿でかい空港である。このような大きな空港でのトランジット（飛行機の乗り換え）には、移動のために必要な時間的

余裕を充分見ておくことが必要である。羽田からミラノへの飛行機は、直行便は金額がはるので、往復とも乗り継ぎ便を利用した。乗り換えの時間は1時間ほどである。

　帰国時のことである。ミラノからフランクフルトへの飛行機は、予め機内アナウンスがあり、空港が混雑しているので、飛行機の止まったのは飛行場の端であった。いつものように飛行機の出入口が空港のターミナルビルに直結するのではなく、タラップが設置され、下りると用意されたバスに乗り込む。バスがターミナルビルまで走った時間は、結構長く感じられた。ターミナルビルでは、通常と変わりなくパスポート・コントロールがあり、それから次に搭乗する飛行便に間に合うように構内を走る。幾つもある動く歩道上も走る。もちろんスーツケースは予めミラノで預けてあるが、こちらは大きいリュックサックを背負っているのだ。ミラノの空港でタックスフリーの葡萄酒の購入を迷ったものだが、買わなくて良かった。ゲートでは乗り継ぎ便のビジネスクラスの乗客を優先して改札していたが、エコノミークラスの我々も便乗して通過した。結局羽田行きの飛行機は、乗客全員が乗ってから離陸したのだが、出発は相当遅れた。

　こういうこともあるので、乗り継ぎが必要な場合は十分な時間的余裕を取っておくようにした方が良い。

飛行機が途中で引き返した場合の扱い

　ミュンヘンから成田へ戻る際、モスクワ上空で、キャプテンから「飛行機の操縦席の窓ガラスにひびが入ったので戻る」とのアナウンスがあり、フランクフルト空港へ引き返したことがあった。緊急宿泊ホテル用の手配、宿泊料、空港－ホテル間のタクシーの交通費など、すべて航空会社側の負担であった。もちろん、翌日のフランクフルト空港から羽田空港への代わりの飛行機の切符も支給された。

帰国時の出発空港でのチェックイン

　日本に帰国する際のチェックインには、外国人職員と対話するか、自動化されている場合は機械との対話が必要になる。パリ Charles de Gaulle（CDG）空港は自動化されており、英語かフランス語かの言語指定の後、指定した言語での対話による手続きが行われる。E ティケットに記されている予約者番号を入力すると、預けるスーツケースの数などについてのやりとりがあった後、搭乗券、バッゲージに巻き付ける荷物番号シートと引換証半券が印刷されて出てくる。その荷物番号シートのスーツケースのハンドルへの巻き付けと、搭乗券の裏へ

の引換証半券の貼り付けは自分で行う。そのあと、スーツケースをチェックインカウンターに載せて計量させ、荷物番号シートを読み取らせると、制限重量と制限サイズの範囲内であれば、スーツケースはベルトコンベアで運ばれていく。

5.2　交通機関

鉄道路線図

　利用する路線は、路線図で、路線の終点の駅名を把握しておく。また、乗り換えがある場合は、その駅名をよく覚えておくようにする。

　自動券売機は、切符を購入する場合だけでなく、時刻表を印刷するためにも使えることに注意、これを覚えておくことは大事である。なお、現地各路線の駅のキオスクなどでは、その路線の時刻表を用意しているところも多い。

切符販売窓口

　ローカル鉄道による近距離の都市間の移動にフレキシブル・レイルパスの一日分を割り当てて使うのはもったいない。そこで、そのための切符を窓口で購入することはよくあることである。

　列車の切符は乗車する前の日に買っておくほうが良い。大都市や中都市の場合、駅の切符売りの窓口には常に長い行列ができている。窓口で長いこと粘って旅程を決めている現地人もいる。そういう訳で、当日乗車予定の列車の出発時刻より早く多少の余裕をみて窓口に並んでも、切符購入が間に合わず予定列車に乗れないことは十分起こりうる。駅には自動券売機もおいてあるが、外国人には使い方が難しく、また故障している場合もある。運良く自動券売機で購入できればよいが、もたつく場合など最初から窓口の行列に並んだ方が結果的に早いこともあり得るし、機械よりも人間の方が融通が利く。

　フレキシブル・レイルパスは、最初に使用する前に、駅の切符販売窓口でヴァリデートして貰うことが必要である。イタリア北部旅行の最初の日にミラノ中央駅の窓口に行ったらすでに長い行列ができている。散々気を揉ませられた後で、やっとのことヴァリデートして貰ってから２階のプラットフォームまで駆け上がり、出発直前のトリノ行きの列車に飛び乗ったことがあった。なお、フレキシブルパスは当日使用前にその月日を必ず記入すること。

出発列車の電光掲示板

　駅の入口部分には、出発列車電光掲示板上に、列車番号、行き先駅名、および、発車時刻が、列車ごとに表示されている。ただし、フランスでは、各列車

が着発するプラットフォーム番号は、出発時刻の30分から20分前まで掲示されない。利用する列車のプラットフォームが決まらないと動きようが無い。電光掲示板の下で今か今かとその表示がなされるまで待っている乗客達は、掲示がなされるとそのプラットフォームへ移動する。出発列車の電光掲示板はプラットフォームあるいは連絡通路にもある。一度決まったプラットフォーム番号も、列車の遅延などにより変更されることがあるので、気が許せない。

ヨーロッパの駅は改札口が無い

ヨーロッパの駅は、日本の駅とは異なって、改札口が無い。それゆえ、プラットフォームには誰でも無料で入れる（それゆえ、スリも入れる訳である）。

刻印機

使用する切符は、鉄道、路面電車、バスなどの交通機関で、乗車時に刻印機にあてて刻印することになっている。これを忘れると、検札時に見つかって罰金を取られるので注意する。なお、国鉄では、検札は必ず来る。刻印機はコンポスターと言い、黄色の機械で、切符を口に挿入すると自動的に刻印がなされる。刻印機は、駅の場合、待合室からプラットフォームへの入口、連絡階段からプラットフォームへの出口辺りに配置されている。

エスカレーター、エレベーター、スロープ

海外旅行では大抵スーツケースを持っての移動となる。ヨーロッパの国々では、日本と異なり、交通は一般に右側通行のルールを採用している。それゆえ、エスカレーターでは、急がない客は右側に寄るようにして、追い越し用に左側を空けておく。

我々が利用するような大きな駅には　各プラットフォームには、エレベーターあるいはスロープが必ずと言って良いほどあるので、慌てずに探すことである。駅によってはホームの端にあることもある。

プラットフォーム上の客車の位置

各プラットフォームには、客車の停車位置を示すためのアルファベットのマークがある。プラットフォーム上にある電光掲示板には、このマークを利用して、1等車と2等車、指定席の番号の客車、あるは複数の行き先から構成されている列車が、プラットフォーム上のどの位置に停車するかが示されるので、その辺りで列車の到着を待つ。

車内

客車の扉は通常閉じられている。これは、冷暖房の冷気あるいは熱を逃さないようにするためであろう。それゆえ、乗車時あるいは降車時、扉に備え付け

られたボタンを押してドアを開かせる。

指定席を利用する場合は、指定された座席に座ることになる。座席番号の表示がある位置は様々で、TGV では座席の背もたれの間にあった。コンパートメント形式の車両の場合、予約した区間が書かれた予約票が入っていればその区間が予約済みであることを示している。リエンツからウィーンに戻る列車の1等で、別の乗客に席替えを促されたことがあった。

発車

列車は出発の時間が来ると、音も無くプラットフォームを離れる。フォームでのアナウンスは無い。この点は、スピーカーで騒がしくがなり立てて告知する日本とは全く異なっている。

次に停車する駅名の放送があるかどうかは、路線によって異なり様々である。スイス国鉄のように数か国語での放送がある列車もあれば、車内の電光掲示板を通してなされる列車もある。

ライゼゲペック Reisegepäck

スイスの鉄道の一大特色は、ライゼゲペックを利用して、重いスーツケースを抱えて列車に乗り込むこと無しに、移動先に鉄道による搬送を委託できることである。これは、駅から駅への荷物の別送サーヴィス（有料）で、19 時までに荷物を預けると、翌々日の9時以降に目的駅で受け取ることができる。ただ、このシステムを活用するには、移動先での滞在期間がある程度有ることが必要で、一日しか滞在しないような場合には適当で無い。我々も、チューリッヒからグリンデルヴァルトへの移動と、グリンデルヴァルトからツェルマットへの移動の際に活用した。グリンデルヴァルトとツェルマットでは駅に極近いホテルに宿泊したので、スーツケースの配達は頼まず、駅に取りに行った。なお、このシステムはスイス内でのみ利用できるので、他国、たとえばシャモニー（フランス領）への移動には適用できない。

地下鉄、路面電車、バス

どの都市でも、地下鉄は非常に便利なので、利用する機会は多い。街路から地下鉄の駅への降り口には、MあるいはSの大きなマークが通りに表示されている。切符は、自動券売機より、（地下街の）新聞などを売っている店で購入する方が手っ取り早いことが多い。なお、自動券売機では貨幣しか使えないところもある（紙幣を入れる口が無い）。

地下鉄は普通複線だから、目標とする駅の方向への電車が来るプラットフォームに行けるように、階段の入口で確認すること（その駅から終点までの路線

161

図が描かれている）。電車の先頭には、終点の駅名が表示されているので、途中の駅で下車する場合、慣れない外国人である我々には、戸惑うことがある。また、地下鉄では、電車の出入り口は乗降客で混雑するが、そこを狙ったスリに遭遇することが時々あるので、財布に注意する必要がある。リヨンで会った老人は、ナップザックを背中にしょっている私を見て、お腹に抱く形にした方が良い、とアドヴァイスをくれた。

　路面電車（トラム）のある都市は多い。ミラノでは路面電車網がすごく発達している。ガイドブックには路線図は載っていないが、現地の観光案内所（Iのマーク）でもらうことができる。

　地下鉄や路面電車は、その都市のカードを購入すれば、乗り放題である。

　地方では、長距離バスが移動の主力となる。バスの切符は、新聞雑誌を販売しているタバコ屋で販売されているか、乗車時に運転手から購入する。

タクシーの利用は気を付けて

　善良な運転手も多いが、ぼられる恐れもある。フィフティとフィフティーンの違いなど、発音や聴音に関して問題が起こりやすいので、紙の上に書いて確認するのも良い方法である。日本人の発音は通じないことが多いので、目的地を運転手に告げる場合も同様のことが言える。

レンタカー

　筆者は現地でレンタカーを利用した経験は無い。慣れない右側交通で事故を起こしたら旅行どころでは無くなってしまうし、景色を眺めることも出来ないからである。田舎の道路では、ロータリー交差点になっている（信号機は無い）ところが多い。

5.3　街

観光案内所を利用する

　一般にホテルのフロントでは、その都市の交通機関（の現状）に関する十分な情報は得られない。交通機関や観光地の情報が必要な場合には、観光案内所（独：Touristen-information / Informationbüro、伊：ufficio informazioni turistiche、仏：bureau de　tourisme）に行くべきである。観光案内所は、地図上（街中でも）ではiのマークで表示されている。観光案内所には、英語のできる人が居る。

ニースでは、エズに行くバスとカップ・フェラに行くバスとでは発着所が異なっており、ガイドブックでも後者に関する情報は十分に与えられていなかった。現地の人々に尋ねながら発着所に辿り着いたが、最初に観光案内所を訪れるべきであった。

また、ブール・ドワザンの観光案内所では、地図上でラ

シャモニーの登山案内所

・グラーヴへの道の不通箇所を示し、何軒ものホテルに電話をかけてその晩に宿泊できるホテルを捜し出して、そのホテルへの道を示す地図をくれた。

グリンデルヴァルトには、日本語観光案内所があることはよく知られている。

モン・ブランの麓のシャモニーでは、案内所に日本語の出来る（ブルガリア人？の）おばさんが居て、エギーユ・デュ・ミディへの空中ケーブルの混み方、目指すトレッキングコースに関する残雪情報、スポーツ運動具店の位置などを教えてくれた。

交通は右側通行
日本と異なり、右側交通なので、道路の横断時には交通信号と車に注意する。エスカレーターは、右側に寄り、追い越す人のために左側を空ける。

磁石の利用
ナヴィゲイト機器があれば問題無いが、そうでない場合は従来の地図を使用することになる。その場合は、磁石が役立つ。ヨーロッパでは、大抵通りの名前が街角や建物の壁に表示されているが、どちらの方向に行けばよいのかわからず、通りを逆方向に行ってしまうおそれもある。実際、フィレンツェに到着したとき、我々はそのような経験をした。天気の良い日には、影のでき方から北の方角を推測することも出来ようが、あまり当てにはできない。

飲料水ボトルの購入
ヨーロッパでは、街の小売店、タバッケリア（伊：tabaccheria）などで、エヴィアンなどの飲料水をボトルで購入する。ミネラル水には、炭酸入りのものと、炭酸無しのものとがある。筆者らは炭酸無しのものをいつも購入する。炭

酸無しの水はボトル上のラベルに次のような表示がある：独：Mineralwasser ohne Kohlensäure　ミネラルヴァッサー・オーネ・コーレンゾイレ、伊：acqua minerale naturale　アックア・ミネラーレ・ナトゥラーレ/ acqua minerale senza gas　アックア・ミネラーレ・センツァ・ガス、仏：eau minérale plate　オー・ミネラーレ・プラット。分からない場合は、レジで購入する時に訊ねて確認する。仏ではエヴィアンは容易に手に入る。

トイレ

レストランやカフェなどに入ったとき、店を出る前に済ませるようにするのが賢明である。

一般に有料トイレや荷物預けボックスは、決められた貨幣でしか動作しない。それゆえ、額の大きい紙幣などを細かい貨幣にくずしてくれる両替コーナーがそばにある筈である。公衆トイレは、無料のものもあるが、50 セント取られるところも多いので、小銭の用意が必要である。お金は、入口で機械のスロットに入れるか、管理人に手渡す。

都会で遭遇する種々の危険

・一般に駅近辺は、夜間は物騒である。

・公園などで、変な人に呼びかけられても応じない。

・ウェイストポーチの口を開けっ放しにしない。

ウェイストポーチのファスナーを開けて中に納めた書類を取り出して見ることはよく行う動作である。ところが、その書類を見ることに気持が向いてしまって、ファスナーを閉め忘れたままの状態で歩き始めてしまうという失敗を非常に多く起こしがちである。

・満員の地下鉄など、人混みの多い所にはスリがいる。

・エスカレーターでの前後複数者による挟み撃ち、往来でわざとぶつかってくる者、オートバイを利用したひったくり、ガキ子供達による染料の衣服への吹きかけ、などに注意。

・ATM での換金はスリなどに目を付けられる恐れあるので、周囲にも目を配ること。

スリなどの被害に遭遇した場合、クレジットカード、あるいは、プリペイドカードを紛失あるいは盗難にあったなら、すぐにそれを運営する会社に電話して、取られたカードを直ぐ「無効」にして、不正使用ができないようにする。そして、代わりのカードをこれからの旅行先のホテルに送ってもらう。

・テロリストによる爆発事件に遭遇したら

爆発が起きたら、地面に伏せて、衝撃波とともに飛んでくるものに当たらないようにする。そして、現場からできるだけ早く安全なところに避難する。犯人たちは続いての爆発を計画しているかも分からない。好奇心から爆発現場などを見に行くことは危険である。

5.4　ホテル

チェックイン時に聞いておくべき事柄

・朝食の開始時刻
・Wi-Fi の Id とパスワード
・近辺の地図を貰い、当該ホテルの地図上の位置を確認

ホテルの名前と位置が記されたその辺りの地図を貰っておくこと。大昔アメリカを旅行したときのことであるが、初めてのホテルに到着後、ホテルの地図を貰っておくこともせず、気が緩んでふらりとホテルを出てしまい、そのホテル名を思い出せず、戻るのに往生した経験がある。

・ルーム番号
・部屋の鍵と鍵の開け方

都市のホテルではカードによる電子式が多い。しかし、地方では昔ながらの鍵も依然として使われており、操作のコツを会得するのに苦労する場合もある。部屋に入ったら、扉の閉め方を確認する。ついでに、洗面所、トイレ、風呂場の給排水、冷暖房も早めにチェックした方がよい。カード、鍵のいずれも無くさないよう気を付け、チェックアウト時には忘れないで返却する。

ビュッフェ形式の朝食

ビュッフェ形式の朝食では、好きなだけの分量の食事ができる。十分食べておくと昼食を抜かしてもそれほど影響しない。これにより、昼食を取るためのレストラン探しの時間と食事の時間とを節約できるし、昼食代も節約できる。ただし、活動してお腹が減った時は、カフェテリアでタルトと飲み物を注文する時もある。

洗濯

長期間の旅行では、衣類の洗濯がどうしても必要になるが、ホテルでのクリーニング代は結構高額である。そこで、筆者はホテルを予約する際に、タブ（湯船）付きの部屋を必要要件として書いておく。タブ内でシャワーを使って身体をきれいにし、お湯を貯めたタブに浸かってくつろいだ後、その湯に衣類を浸し石鹸を使用して洗濯を行う。洗濯後、手で絞って洗濯物に含まれる水分を出

来るだけ少なくしてから（手の皮がむけるほど苦労させられるが）タオルに挟んで叩いて水分を吸収させたあと、部屋のどこかに吊るして乾燥させる。ただ、ホテル側はこのことを想定していないようで、洗濯物を干すための仕掛けはほとんど見いだせない。仕方ないので、ハンガーをドアの取っ手にかけるとか、照明の熱を利用することも時々ある。ホテルによっては換気扇が強力で浴室が乾燥室として使える場合もある。

部屋備え付けの冷蔵庫

ホテルにより無いところもある。一般に街で買うよりかなり割高だが、疲れている場合など、助かる。チェックアウト時の申告は忘れずに行う。

ティップ

荷物のポーター、レストランの支払（給仕）など世話になった時、感謝の意を込めて多少の貨幣をお礼として当人に手渡す。部屋の整頓（ベッドメイキング、バスタオルの交換、ゴミの始末など）係の人向けには、枕元の近くに置いておく。幾つかのホテルでは、ティップが受け取られていなかった。

宿泊をキャンセルする場合やチェックインが夜遅くなる場合

このような場合には、必ず宿泊予定のホテルにそのことを早めに通知すべきである。キャンセルがどれ位前になされれば宿泊費を取られずに済むか、はホテルごとに異なる。

5.5　夕食

街のレストラン／宿泊ホテル内のレストラン

レストランの夕飯開始時刻は通常午後7時である。元気さが残っているときば、街に出て適当なレストランを捜す。昼間の奮闘により疲れを感じて面倒なときは、宿泊ホテル内のレストランを利用する。

・現地語のメニューが読めないときは、英語のメニューをもらう。

・通常ヨーロッパのレストランでの料理は1皿の分量が多いので、夫婦でシェアする。そのためのお皿を余分に貰う。

・フランスのレストランでは、ムニュ menu と言うと、前菜（アントレ）、主（プラ）、デザート（デセール）からなる。ア・ラ・カルトというと一品料理を指す。

・金額は、夫婦2人で肉、ワイン、ビールで50ユーロ前後。

・ティップ：レストランの支払（給仕）などにサーヴィスの程度に応じてあげる。

166

セルフサーヴィス・レストラン

通常の内容の食事で済ますことにより食費を節約するには、この種のレストランの利用価値は大きい。次のような仕組みになっている。

・盆をトレイ受けから一つ取り、その上に自分の好きな料理の皿や飲料グラスを載せて行く。

・ビフテキなどはそこに居る係の人に焼き具合を指定して頃合いを見計らって取りに行く。

・野菜料理などは必要なだけ皿に取る。

・ワインやビールは機械のボタンを押すと一定量出てくるので、グラスに受ける。

全て揃ったら、盆をレジに持って行き、係の人に合計金額を計算してもらい、支払う。

ヴェネツィアでは全てが割高であるが、セルフサーヴィス・レストラン Brek は割安（夫婦で 30 ユーロ）であった。味も悪くない。ヴェローナにも同名の店があり利用できた。

やはり、ファーストフード店は便利な存在である。パドヴァでは、ホテルの近くにあるマクドナルドを利用した。

コーポあるいはスーパーでの食料品購入

スーパーで買い物をして、ホテルの部屋で夕食を済ますと、15 ユーロ位であろう。スイスでは、コーポがあちこちにある（グリンデルヴァルトなど）。コルティナ・ダンペッツォのコーポは大きな店で、入り口に近い部分では土産物や書籍（ドロミティの本など）を売っており、その奥に大きな食品部がある。ここで、パンや水、チーズや肉、サラダなどを手に入れることができる。サーヴィスは日本の銀行窓口のようになっている。つまり、通し番号を発行する機械があり、その時点でサーヴされる客の番号が表示される。

ヴィチェンツァでは、ホテルの近くにあるスーパーを利用した。

日本から持参した麺類などのインスタント食品

食欲の無いときなど、予備あるいは非常時用に日本から持参した麺類などのインスタント食品で済ませることもある。5.3 に記したようにして街で購入した炭酸なしのミネラルウォーターを湯沸かし器で沸かし、沸騰した湯を注いで 3 分待ってから食べる。スパゲティやパスタとは異なり、汁が喉の通りをよくしてくれる。大体現地での食事ではスープなど液体ものに出会う機会は少ないので、実にうまい。インスタント味噌汁なども、日本を離れてから暫くぶり

で、味噌味の汁に感激する。

5.6　美術館、博物館

予約が必要な美術館を訪問する場合には、予約した時刻より数十分前にティケットオフィスに行って、予約者が来ていることを知らせることになっている。入口でサブザックをクロークに預けるように言われるところが多い。日本語のオ

コルテナ・ダンペッツォの生協

ーディオガイドを借用できるところもある。カメラ撮影を全面禁止のところと、黙認のところとがある。後者であっても、フラッシュ無しの撮影にするのがエティケットというものである。

5.7　トレッキング

交通機関の最終便の時刻確認

帰りのロープウェーやケーブルの最終便の時刻を必ず聞いておく。

道案内

観光案内所でルートを聞き、地図を貰う。残雪あるいは積雪状態などについても教えてくれる。一般のホテルのフロントはあまり当てにしない方が無難である。

道標は、積雪の影響を考えているのか、身長の高い西洋人を標準としているのか、やや高い位置にあり、下りの場合は問題ないが、登り道で下を向いて歩く習慣の登山者は見落としがちなことに注意。

岩場での注意

固定ロープあるいは鉄のザイルのある岩場（日本で言う鎖場）で注意すべきポイントを以下に記す。
・常時三点支持の原則を遵守する。この原則は、前進あるいは後退、登り下りのいずれにおいても、各時点で四つの手足中の三つを確保用に使い、残りのただ一つの位置を変えるだけで身体の移動を行う、というものである。
・急な岩場を降りるときは後ろ向きになって（岩と対面する姿勢で）降りる。
・鎖やロープなどは、過度に頼りすぎないようにする。

- 岩場からなるべく身体を離すようにすれば足場の発見も比較的容易になる。
- ホールド（岩の手懸かり）は引っ張るので無く、押すような感覚で利用する。
- ホールドやスタンス（岩の足掛かり）は左右の手足を置き換えると登降がしやすくなる場合がある。

アルプスの泉の水は飲料には不適

　アルプスでは牛や羊を放し飼いしているので、彼らの糞がトレイルのあちこちに残存している。それゆえ、泉の水は飲まない方がよい。また、ウィーンの森、草原などでは、ダニに気をつける必要がある。

アルプスでの非常呼び出し電話番号

ヨーロッパ全般	112
瑞：	1414
墺：Notrufnummern	140
独（バイエルン地方）：	19222
伊：telefono soccorso alpino	118
仏：	18

5.8　日本の家族や会社への連絡

携帯電話による方法

　通信費が高額になる恐れのあること、および、現地時間と日本時間との時差があることの理由により、緊急の場合以外は用いない方が良い。日本国の国際番号は81（ちなみに、フランスは33、イタリアは39、スイスは41、オーストリアは43、ドイツは49）なので、例えば日本における電話番号が03-xxxx-yyyyの場合、局番先頭の0を取り除いた81-3-xxxx-yyyyとダイアルする。

メールによる方法

　パソコンあるいはタブレットを携行している場合は、ホテルのフロントで教えてもらったインターネットのIDとパスワードを無線LANに設定してから、メールソフトによりメールを送受信する。もちろん、ホテル備え付けのパソコンなどには日本語メールソフトは載っていない。

6　帰国後

　日本に帰国してから行うべき事柄を下に挙げておく。
- 帰国時に利用した空港でのスーツケースの受け取り

　　バッゲージ・クレームで受け取ったスーツケースに新たな破損箇所を見つ

けた場合には、帰国時利用航空会社の窓口にその事を告げ、その事実の証明書をもらう。当該旅行に関して契約した海外旅行保険に携行品保障の事項が含まれているならば、当該海外保険会社にその証明書を送付することにより、無料で修理してもらうことができる。

　必要あれば、スーツケースの自宅への運送を配送業者に依頼する。
・近所や親戚への帰国挨拶、お土産の配布
　旅行中の留守宅について何かと気をかけて頂いた方々への帰国の挨拶と感謝の言葉を述べて、旅先で購入したお土産を配る。留守中に起こった事柄があれば、そのことについて話を聴く。
・留守中に留めておいた新聞、郵便などの受け取りと、止めておいた配達再開の連絡
・残った現地貨幣紙幣の整理、（必要なら）円への換金
・旅行用具、登山用具の点検、異常のないことの確認
・写真のアルバムの整理、記録の整理
・旅行中に貯まった、レシートの整理、かかった費用の計算
・旅行中に世話になった人へのお礼状送付

あとがき

あとがき

　ヨーロッパの自然と文化に対する憧れが、私のこれまでの人生においてどのように熟して行ったのかを、以下に記しておきたい。

私と山とヨーロッパアルプス

　私の場合、中学生時代から高校生時代にかけて、山に憧れていた。こんなにも雄々しく壮大で美しさに満ち、登頂の達成感とスリルを経験させてくれるものは、ほかに比較できるものはなかった。山は、実際に出かけるときだけでなく、名著と呼ばれる山の本を読んでも私を強く引きつける素晴らしい力に満ちていた。加藤文太郎の『単独行』、浦松佐美太郎の『たった一人の山』、エミール・ジャヴェルの『一登山家の思い出』、アンデレル・ヘックマイヤーの『アルプスの三つの壁』、グイド・レイの『アルピニズモ・アクロバティコ』、モーリス・エルゾーグの『処女峰アンナプルナ』（ヒマラヤ登山の話であるが、人類最初の 8000 米峰の登攀、および、代価として下山途中に受けた凍傷とその手術の状況の克明な記録にゾクゾクしながら何遍も読んだものである）、などなど。

私と音楽とヨーロッパ

　小学生のころは、『アヴィニョンの橋の上で』という童謡が、フランスという国の存在を意識に登らせた最初であった。

Sur le Pont d'Avignon,	アヴィニョンの橋の上で
L'on y danse, l'on y danse,	踊る　踊る
Sur le Pont d'Avignon	アヴィニョンの橋の上で
L'on y danse tous en rond.	輪になって踊る

　昔は、小学校の音楽の時間に、内外の唱歌を歌ったものである。その一つに、ハイネ(Heinrich Heine, 1797 - 1856)の詩に、ジルヒャーが曲を付けた『ローレライ』がある。

Ich weiß nicht, was soll es bedeuten,　　なじかは知らねど、

172

Dass ich so traurig bin;　　　　　　　　心わびて

　あのころから時代が変わり、人々の口に上る歌の種類も大きく変わったようで、古今の名曲を聴くことが少ないのはとても残念な気がする。

　オペラ（歌劇）の魅力に開眼したのは大学生の頃である。家に下宿していた兄弟がオペラ好きで、NHK が招いたイタリアオペラを一緒にテレビで見ることになった。テノールのマリオ・デル・モナコは美男子で、ソプラノのレナータ・テバルディやメゾソプラノのジュリエッタ・シュミオナート相手に演じた『道化師』や『オテロ』などは、声と演技も素晴らしかった。モナコが特別リサイタルで歌い上げた『オー・ソレ・ミオ』は、今も YouTube で見る（聴く）ことができるが、まさにすごいの印象につきる。

Che bella cosa na jurnata è sole,　　　素晴らしきかな、太陽の輝く日
n'aria serena doppo na tempesta!　　　嵐の後の澄み切った空！

　大学を卒業して就職し、初めてもらった給料でステレオを買った。それから、クラシック音楽のレコードを買うのが楽しみとなった。

　モーツァルト（Wolfgang Amadeus Mozart）の音楽に夢中になるとともに、彼の送った人生とその音楽に込めた人間観察について知りたくなり、アンリ・ゲオンの『モーツァルトとの散歩』、プローフィの『劇作家モーツァルト』、ジューヴの『モーツァルトのドン・ジュアン』などの本も夢中になって読み進んだ。
　モーツァルトはオペラの作曲家になることを熱望していたということだが、私もモーツァルトの音楽の内、とりわけオペラが気に入っている。『イドメネオ』、『フィガロの結婚』、『コジ・ファン・トゥッテ』、『ドン・ジョヴァンニ』、『魔笛』など。彼のオペラが聞こえると同時に、その言葉（発音）に合った柔らかく繊細優美な音の流れが直ぐに私の胸をくつろがせるとともに、彼以外の作曲家からは得られない独特の爽快感とわくわく感とをもたらしてくれる。このころ私の長男は、5歳位であったが、『フィガロの結婚』のレコードに夢中になり、特にフィガロのアリア『もう飛ぶまいぞ、この蝶々』の音楽が流れ始めると、ソファの上に立ち上がって指揮者のように腕を振って調子をとっていた。フィガロがご婦人連に人気のシスターボーイのケルビーノをか

らかって「もう身を飾ることはできないぞ、軍隊に入るのだ」と歌うこの曲の、フィガロ役のヴァルター・ベリーの揶揄する口調と、曲の後半に軍隊の勇ましい行進ラッパの音を交えたメロディとが、息子のお気に入りであったことは間違いない。

　『ドン・ジョヴァンニ』は、好色の貴族ドン・ジョヴァンニが誘惑した娘の父親の騎士長を決闘で刺殺する場面から始まり、その悪辣な女性遍歴が次々と紹介され、最後には月明かりの墓地で晩餐に招待した騎士長の亡霊により地獄に落される内容のオペラであるが、初めから終わりまで緊迫感の持続した音楽になっている。物語中（作詞はダ・ポンテ）、

　Don Jovanni:　　La ci darem la mano,　　　　あそこで手を取り合って、
　　　　　　　　　　la mi dirai di si,　　　　　　　君は私に「はい」と言うだろう

で始まるドン・ジョヴァンニがツェルリーナを誘惑する場面の音楽は、誘惑する側のやむにやまれぬ心理と、誘惑される側の多少の迷いと、結局は誘惑に屈してしまう心理とを、見事に描き出している。

　（ドン・ジョヴァンニがヨーロッパで、ツェルリーナが私なのだ！　誘惑する側は、歌と絵と言葉と景観とを否応なしに見せつけてくる。誘惑される側である我々は、その魅力と誘惑に抗することができない！）

　人の音楽遍歴は、「モーツァルトに始まって、モーツァルトに終わる」と言われるが、私の場合も、モーツァルトにだけ集中してきた訳ではない。いろいろな音楽に耳を傾けてきたが、とりわけ、次に述べるバッハ（Johann Sebastian Bach）とシューマン（Robert Alexander Schumann）は外せない作曲家である。

　バッハの音楽には、『ブランデンブルク協奏曲』、『二つのヴァイオリンのための協奏曲』などからスタートしたが、その器楽曲は主にグレン・グールドのピアノ演奏を通して身近なものとなった。『インヴェンションとシンフォニア』、『平均律クラヴィーア曲第一巻』『同第二巻』、『イギリス組曲』、『フランス組曲』、『六つのパルティータ』、『ゴールドベルク変奏曲』。対位法に基づくバッハの曲は、結構演奏が難しい。フランス組曲は、それほど規模は大きくないが、まさに「雅（みやび）やか」の言葉がぴったりする曲で、私のお気に入りの一枚である。ちなみに、強弱の変化が激しいオーケストラなどと比べると、グールドの強弱をあまり付けない演奏は自動車の中で聴くのに向い

ている、と思っている。仲間と八ヶ岳のふもと清里へ行ったとき、車中でかけた『フランス組曲』は楽しいドライブをもたらしてくれた。

　シューマンとクララの恋は音楽史上有名な事実で、クララとの恋が彼の音楽上の創作力を極限にまで鼓舞したことは、紛れもない事実である。『交響的練習曲』、『クライスレリアーナ』、『子供の情景』、『幻想小曲集』などのピアノ曲は1838年、『詩人の恋』、『リーダークライス』などの歌曲は1840年（クララと結婚した年）、それぞれ1年の間に集中的に作曲されている。曲集『ミルテの花』の中の、『はすの花』、『献呈』、『君は花のよう』、『くるみの木』などの美しい調べは彼の幸福感をまさに反映しているという実感を我々に与える。

　『詩人の恋』はハイネの詩にシューマンが曲を付けたものだが、その最初の曲『うるわしの月五月に（Im wunderschönen Monat Mai）』は、ドイツの長い冬から解放されたうるわしい春の訪れと恋の始まりとを重ね合わせた曲で、夢と期待とそして訪れるかもしれない波乱とを、予感させる曲である。

Im wunderschönen Monat Mai,	うるわしの月五月に
Als alle Knospen sprangen,	すべてのつぼみがほころび始めると
Da ist in meinem Herzen	ぼくの心のなかにも
Die Liebe aufgegangen.	恋が咲き出でた。

（クララとの結婚の後、原因は明らかではないが、精神的に変調を来したことも確かなようで、『ヴァイオリン・ソナタ第1番』や『チェロ協奏曲』はシューマン独特の心の世界に我々を誘うし、『交響曲第2番』は音楽におけるスリラー表現と思われてならない。）

私と絵画・映画とヨーロッパ

　中学における図画の時間は、生徒達は課題となる彫像デッサンをしながら、先生のヨーロッパ絵画史の（猥談を交えながらの）解説に耳を傾けたものだった。折しもルーヴル展でミロのヴィーナスなどの展示があり、行列して見に行ったことを覚えている。

　高校から大学にかけては、女子美大に通っていた姉がジェラール・フィリップの大ファンだったので、フランス映画を見る機会が増えた。彼がモディリア

ーニを演じた映画『モンパルナスの灯』（ジャック・ベッケル監督）は、芸術家の魂と世間に認められない苦悩とを描き出した傑作で、今まで見たものの内で最も心の奥に深くに残った映画であり、これを越えるものには未だ巡り会っていない。

　大学では理系だったので、第2外国語にはドイツ語を選択した。フランス語の授業は第3外国語として1学期だけ受けたが、動詞の変化形の多さに辟易して挫折した。

　フランスの文化は、やはり美術史、特に近代の絵画を中心としているという印象がある。図書館の芸術コーナーにある美術全集を眺めると、フランス語で名前を記された画家の多さに驚く。ドイツとイタリア出身の画家の名はローマ字読みでよめるが、フランス出身の画家の名は発音されない文字が混在している。

　フランス語を少しかじると、何か文学的な本が読みたくなる。それには、アントワーヌ・ドゥ・サンテグジュペリ（Antoine de Saint-Exupéry）の『星の王子さま（Le petit prince）』を勧める人が多いようである。これには、幾つかの有名なスキットが出てくる。たとえば、次の文はそのひとつである。

　　Toutes les grandes personnes ont d'abord été des enfants.
　　（Mais peu d'entre elles s'en souviennent.）
　　すべてのおとなは、はじめは子供だったのだ。
　　（でも、ほとんどの人はそのことを覚えていない）

　最近身近にいる孫と付き合う機会が増えたが、3才時の子どもが毎日言葉を覚えて話せるように成長して行くそのスピードには驚かされる。「憧」という漢字は、心を表す偏（へん）と童（わらべ）を表す旁（つくり）から成っている。大人だって、憧れる対象がありさえすれば、外国語の習得にも情熱を傾けるに違いない！

終わりに

　本書は、アルプスを囲む、イタリア、スイス、オーストリア、ドイツ、および フランス、の国々の自然と文化への永年の私の憧れに対して、6回にわたる これら諸国を巡る手造りの旅によるその夢の実現を記したものである。本書が きっかけとなって、手造りの旅に挑戦し、様々な発見と実り豊かな体験の機会 を持たれる方々が少しでも増えることを心から願っている。

　これらの旅を計画し経験することにより、筆者はこれら中央ヨーロッパの国 々の地理と文化に詳しくなっただけでなく、それらの歴史と政治・経済につい てもより一層の関心を持つようになった。長年に亘る領土争いとそれらの惨禍 への反省から出発したEUによる国家統合の理念が維持され、一層の発展を遂 げることを切に期待している。EUは現在、ギリシャの経済的混乱、南北の経 済状況の違い、および、中東およびアフリカからの難民の急増により、その存 続が危ぶまれている。これらの危機を何とかして乗り越え、世界の他の地域に 模範を示して貰いたいものだ、と筆者は祈念している。

謝　辞

　本書の執筆に関しては、保高英児氏、内海基祐氏、二宮敬虔氏、杉藤芳雄氏、および斉藤哲也氏から、訪問先の紹介、執筆の仕方、語学上の助言や間違いの指摘など、様々なアドヴァイスを頂きました。ここに厚く感謝する次第です。

　本書をまとめるにあたりましては、ブイツーソリューション（株）の方々、特に檜岡様に、大変お世話になりました。厚く御礼申し上げます。

　第II部に記した6回の旅の初めの5回の旅を共にしてくれた妻茂子、それから、旅行に関する助言と旅先からの私のメールへの応答に関しては、伸宏、大樹、久美子、細川潤朗氏、君たちからの情報は大いに役に立ちました、有り難う。

モンテ・ローザとアイペックス

付録 ヨーロッパにおける芸術の歴史

付録　ヨーロッパにおける芸術の歴史

　人間の五感の代表、すなわち視覚と聴覚を刺激する芸術には、美術、音楽、文学、映画などの各分野がある。美術は視覚と直接関係する空間芸術であり、絵画、彫刻、建築が含まれる。音楽は聴覚と関係する時間芸術である。これらは、感性に訴える芸術の代表である。これに対して、感性に相対するものとしての知性のベースとなる言語活動による芸術分野である文学は、主に小説と詩とで代表される。文学は時間芸術であることは、物語の構成などを考慮すれば分かる。劇（オペラを含む）や映画は、空間と時間との総合芸術である。

1　源としてのイタリアの美術と音楽

　歴史を振り返ると、美術や音楽の分野だけに留まらずほとんどあらゆる文化が、イタリアからヨーロッパ中へと国境を越えて広まっていったことが感受される。

　ローマ帝国時代の土木技術の素晴らしさは、ローマのコロッセオやパンテオン、ヴェローナのアレーナは言うに及ばず、イタリア以外の帝国の領土内であったヨーロッパやアフリカの土地に残る遺跡（たとえば、フランスのアルルの円形闘技場やポン・デュ・ガールの水道橋）でも確認することができる。

　絵画・彫刻・建築の分野では、イタリアは美の宝庫と言って差し支えない。中世のキリスト教に基づく教会文化がマンネリ状態に陥っていたことは現地の教会を訪れた現代人の我々が等しく実感するところであるが、キリスト教出来よりずっと前の世に存在したギリシャ文化の人間賛歌に刺激されたルネッサンスの動きは、まずフィレンツェで、そしてそれからローマを中心としてわき起こった。そして、北方ヨーロッパへと広がって行った。

　レオナルド・ダ・ヴィンチ、ミケランジェロ、ラッファエッロなどが生み出した絵画や彫刻は、今日でもその分野の驚嘆すべき模範的作品として我々の美術館巡りを促す土台となっている。また、建築の分野では、透視図による遠近法の発明者と言われるブルネッレスキが設計・建造したフィレンツェの「花の聖母教会」のクーポラはその後建てられた教会建築の模範となるものであったし、パッラーディオによって設計されたヴィチェンツァのラ・ロトンダは、古典主義建築の規範を示す作品として１９世紀に至るまで国際的な影響力を保持していた。

音楽の分野では用語のほとんどがイタリア語に由来している。また、これまで世界で作られたオペラの約５０パーセントはイタリア語である（ドイツ語は３０パーセント）。モーツァルトの作曲したオペラの内、魔笛以外の主要オペラはイタリア語の歌詞によっている。

　イタリア文化の先進性とその他国への影響を如実に示す一例として、フランス政府によるローマ大賞の制度が挙げられる。ローマ大賞は、絵画、音楽、建築などの分野の優秀なフランス人メンバーを、フランス国家が毎年給費生としてローマに留学させた制度で、１６６３年ルイ１４世によって創設され、１９６８年廃止されるまで継続した。この制度に基づく留学生には、絵画の分野におけるブーシェ、フラゴナール、ダヴィッド、アングルなど、音楽の分野におけるベルリオーズ、ビゼー、マスネ、ドゥビュッシー、グノーなど、建築の分野におけるガルニエ（パリ・オペラ座を設計）などが挙げられる。

　劇分野に属する古典バレエについても言及しておこう。バレエの源はイタリアであったが、踊ることが大好きだったルイ１４世によりフランスに取り込まれ発展した。それゆえ、バレエの用語はフランス語である。

2　美術史　－絵画、彫刻、建築－

　この節では、美術史年表（表６）を参照されたい。

ゴシック美術

　中世からあるキリスト教会を訪ねると目にする絵画のテーマは、磔刑（「たくけい」と読む。十字架に架けられたキリストの像）、聖母子（聖母マリアと幼子キリスト）、および、受胎告知（聖母マリアへキリスト懐妊の事実を天使が告げる場面）の三つである。もちろん、この他の場面も様々あるが、いずれにせよ、扱われる対象の範囲は限られており、題材のマンネリ化にいささか辟易させられる。これは、絵画の注文主が教会であり、作成された絵画が展示される場所も同じく教会内であったからであろう。

　その停滞を打ち破る革新的役割を果たしたのは、ジョットである。パドヴァのスクロヴェーニ礼拝堂における聖母マリアとキリストの生涯を描き出した一連の壁画、および、アッシジの聖フランチェスコの生涯を題材とした一連の壁画は、画面上の人々の人間的な表情や姿勢、陰影の利用など、新しい時代の到来を予感させる。

ルネッサンス

　ルネッサンス renaissance とはフランス語で再生、復活を意味する（naissance

は誕生、始まり）。本家イタリアでは rinasciménto と呼ばれる。日本では、文芸復興という訳語が与えられていた時期があった。

ルネッサンスと言えば、フィレンツェのウッフィツィ美術館をまず思い出す。そこにあるボッティチェッリの『春』と『ヴィーナスの誕生』は、ルネッサンスの幕開けを飾る名作である。題材と絵の中の人物表現の明るさは、中世教会美術の持つ堅苦しさを微塵も感じさせない。加えて、彼の描く絵には、作者が直ぐに分かる独特の優しさがある。

レオナルド・ダ・ヴィンチの作品でもっとも有名な『モナリザ』は、よく見ると人物など輪郭線の無い絵であることが分かる。本来、人体そして自然にある多くの物体は三次元存在であり、それを二次元に投影すると輪郭が線として現れる。対象のデッサンをするときは、輪郭線を描くことは対象の形を手っ取り早く二次元の画面に留めるのに好都合だが、物理にも詳しいレオナルドにとってその事実を認識していることを画面上で示したかったのであろう。ミラノのサンタ・マリア・デッレ・グラツィエ教会にある『最後の晩餐』は、美術史における最高傑作ではないかと筆者は思っていることは、Ⅱ5.2節に記した。元々絵画は対象世界の一瞬の状態を画面上に捉えたものであり、それゆえ静的なものだが、絵の中の人物の配置と姿勢を工夫して動的現象の一瞬を切り取り表示することにより、見る者に現象の継続する場面群を予感させる力をこの絵は持っている。

ミケランジェロは、彫刻家・画家・建築家だけでなく詩人でもあったようでそのマルチタレントの天才振りは驚異である。そして、彼の作品は完成度が高い。そのせいもあるのか、筆者が受ける印象は、もうこれ以上は無いという調和美と同時に完成された静かさである。ヴァティカンの『ピエタ』、フィレンツェ・アッカデミア美術館の『ダヴィデ』、システィーナ礼拝堂の天井画『天地創造』、いずれもこれ以上のものは無い。

ラッファエッロの優しさのこもった聖母子像は有名だが、彼はシスティーナ礼拝堂のラッファエッロの間に大作『アテナイの学堂』も残している、

パッラーディオについては、Ⅱ5を参照願いたい。

北方ルネッサンス

デューラーは、イタリアに2度留学している。彼は自画像を多く残しており、ミュンヘンのアルテ・ピナコテーク美術館にあるものは特に有名である。同館にある『四人の使徒』などとも、彼の厳しい観察眼を反映したものとなっている。ブリューゲルは、農村に根ざした農民集団を対象とした絵が多いという点

で異色な画家である。

バロック美術

ルネッサンスという、ある意味で極限まで突き詰められた調和と完成の美を目にした後では、どのようにしたら新しい芸術の道が開けるであろうか？　バロックでは、群像、動きの活力の表現、および、過剰とも思える飾り建てによって、ルネッサンスが達成したものに反逆する形での芸術の展開がなされた。

カラヴァッジョの絵には、数人の人物が登場するが、光のあて方によるコントラストと焦点の浮き彫りが特徴的である。ルーペンスの絵に見られる豊満な女性の裸体群像や、ベルニーニのボルゲーゼ美術館にある彫刻やローマの数ある広場の泉を飾る彫像群には、バロック美術のもつ特色が明白に表現されている。ヴェラスケスとルーペンスは宮廷との結びつきが強く、作品が飾られる場は、もはや教会ではなく、宮廷である。

レンプランドの絵には、『夜警』など、光のあて方と陰影の表現にカラヴァッジョの影響が感じられる。フェルメールの絵は、日常的な場面を画題とし、細かい点で光の扱いに工夫が見られる。この時代の絵画は、描かれる対象の庶民性により、我々に馴染みやすい印象を与えてくれる。

新古典派

ダヴィッドは、ナポレオンお抱えの絵師で、『グラン・サン・ベルナール峠越えのナポレオン』や『ナポレオンの戴冠（実はジョセフィーヌの戴冠）』などの大作を残している。アングルは女性の裸体を対象とした画で著名である。いずれも画法は古典的経験的であり、新しさは特に感じられない。

ロマン派

先行する新古典主義に対する反抗として、感性や主観に重きをおいた画風が現れた。ドラクロワの描く『民衆を導く自由の女神』には共和思想が反映している。彼は、ナポレオンの峠越えを揶揄した絵も描いている。ゴヤもこの派に属する。

写実主義

ロマン派の行き過ぎへの反動として、目に見える現実を理想化・美化せずにありのままに捉えようとする運動が起こった。クールベに発するが、ミレーやセガンティーニもこの主義の代表である。彼らは描く対象として、農民や自然を取り上げた。

写真の発明

写真は１８２７年に発明された。写真の発明により、肖像画の存在価値は大

きく低下した。また、写真のような絵画では意味がないので、絵画が表すものに方向転換を迫ることになった。対象を忠実に写し取ることから離れて、対象は単なる動機として働くだけで、より自由な発想が求められた。

印象派

対象から受けた印象を、細部よりも全体を色彩の饗宴として描き出す。光を明るい色彩で表現することを追究する。対象は人物や自然である。マネー、セザンヌ、モネー、ルノワール、ゴッホなど、著名な画家が多く属する。油絵のタッチを画面上に残したり、構図を多少デフォルメしたりして印象づける。しかし、画面上の表現は、対象から大きく離れることは無いので、日本人には、親しみやすい絵画となっている。

分離派

装飾方向への発展が見られた。クリムトの『接吻』に見られるように、ケルトの渦巻きや四角を画面上のあちこちに装飾的に散りばめる。

表現主義

これまでの絵画では、対象のフォルムを忠実に画面上に写していた。この派では、対象のフォルムをその画家一流のとらえ方に基づく独特なフォルムで表すことにより、対象から離れてそれだけでこれまで人々が気付くことの無かった情感が画面上にもたらすことができることを示した。

モディリアーニの描く人物画は、アフリカ黒人の彫刻にヒントを得た細長い顔や目玉を描かない眼に特徴があり、美しい色彩と相まって、人間存在の情感をもたらしている点で、従来の肖像画とは全く異なる。

エゴン・シーレの描く画は、意図的に捻じ曲げられたポーズの人物達の、ごつごつした輪郭線の組み合わせと暗い色調とに基づく強烈な存在感により、見る者に衝撃を与える。

象徴主義

モローは、神話を題材とした空想場面の設定により、作者の思念を象徴的に伝えようとした。ルオーのパステル画による道化師などの重厚な絵画も、描かれた人自体を表そうというのではなくて、人生に対する悲哀の表現であり、画家の心がほとんど信仰のレベルにまで達していることの象徴であるように思われるのである。

フォーヴィズム（野獣派）

伝統に縛られない色彩表現を探究し、その写実的役割からの解放を目指した。マティスの作品はゴーギャンの絵に近いなという印象を受けた。それは、

陰影も無く、単色での形の塗りつぶしである。正直の所、筆者はどちらの絵も
あまり好きでは無い。インテリジェンスが感じられないのである。

キュビズム

　従来のほとんどの絵画は二次元の単一視点によるものである。キュビズムは
対象を解体して、複数の視点からの表現を画面上でコラージュ的に再構成する
という手法を採る。ピカソはこの手法の第一の推進者である。もちろん、作り
出された絵は奇妙で不自然な感じは免れないが、その断片の組み合わせ方には
非常なインテリジェンスが必要であり、通常の絵画では生み出せない効果も有
る様である。

抽象絵画

　音楽のような形の無い、時間の次元上で変化するものを絵の上に表現しよう
という試みがある。カンディンスキーの線や面を主体とした表現、クレーの面
分による表現が、その嚆矢である。理解するのは難しいが、美しい色彩が生命
である。戦後の抽象表現主義の試みはその延長線上にある。

表6　美術－絵画・彫刻・建築－年表

　各行左から右へ、
　　＜出生年 - 死去年、名前（出生国：欧名）、活躍分野、主義/派名＞。
　　出生と活動の場の国名：　伊：イタリア、仏：フランス、独：ドイツ、墺：オース
　　　　　　　　トリア、蘭：オランダ、西：スペイン、白：ベルギー、瑞：スイス、
　　　　　　　露：ロシア、希：ギリシャ、
　　活躍した分野：　画家・彫刻家・建築家の区別。言及無い者は画家。

1267 頃 - 1337	ジョット・ディ・ボンドーネ（伊:Giotto di Bondone）：ゴシック。画家・建築家
1284 頃 - 1344	シモーネ・マルティーニ（伊:Simone Martini）：ゴシック
1377 - 1446	フィリッポ・ブルネッレスキ（伊:Filippo Brunelleschi）：ルネッサンス。建築家
1390/1395 頃 - 1455	フラ・アンジェリコ（伊:Fra' Angelico）：ルネッサンス
1430? - 1516	ジョヴァンニ・ベッリーニ（伊:Giovanni Bellini）：ルネッサンス

1431 – 1506	アンドレーア・マンテーニャ（伊:Andrea Mantegna）：ルネッサンス
1445 – 1510	サンドロ・ボッティチェッリ（伊:Sandro Botticelli）：ルネッサンス
1452 – 1519	レオナルド・ダ・ヴィンチ（伊:Leonardo da Vinci）：ルネッサンス
1471 – 1528	アルフレッド・デューラー（独:Albrecht Dürer）：北方ルネッサンス
1472 – 1553	ルーカス・クラーナハ（父）（独:Lucas Cranach der Ältere）：北方ルネッサンス
1475 – 1564	ミケランジェロ・ブオナローティ（伊:Michelangelo Buonarroti）：ルネッサンス。彫刻家・画家・建築家
1477/1478 頃 – 1510	ジョルジョーネ（伊:Giorgione）：ルネッサンス
1483 – 1520	ラッファエッロ・サンティ（伊:Raffaello Santi）：ルネッサンス
1488/1490 頃 – 1576	ティツィアーノ・ヴェチェッリオ（伊:Tiziano Vecellio）：ルネッサンス
1508 – 1580	アンドレーア・パッラーディオ（伊:Andrea Palladio）：ルネッサンス。建築家
1518 – 1594	ティントレット（伊:Tintoretto）：ルネッサンス
1525 - 1530 頃 – 1569	ピーテル・ブリューゲル（白:Pieter Bruegel de Oude）：北方ルネッサンス
1528 – 1588	パオロ・ヴェロネーゼ（伊:Paolo Veronese）：ルネッサンス
1541 - 1614	エル・グレコ（希、[活動は西:El Greco]）：マニエリスム
1571 – 1610	ミケランジェロ・メリージ・ダ・カラヴァッジョ（伊:Michelangelo Merisi da Caravaggio）：バロック
1577 – 1640	ピーテル・パウル・ルーベンス（蘭:Peter Paul Rubens）：バロック
1599 – 1660	ディエゴ・ロドリゲス・デ・シルバ・イ・ヴェラスケス（西:Diego Rodríguez de Silva y Velázquez）：バロック
1598 – 1680	ジャン・ロレンツォ・ベルニーニ（伊:Gian Lorenzo Bernini）：バロック。彫刻家・建築家
1606 – 1669	レンブラント・ハルメンス・ファン・レイン（蘭:Rembrandt Harmensz. van Rijn）：バロック

1632 – 1675	ヨハネス・フェルメール（蘭:Johannes Vermeer）：バロック
1746 - 1828	フランシスコ・ホセ・デ・ゴヤ・イ・ルシエンテス（西:Francisco José de Goya y Lucientes）：ロマン派
1748 - 1825	ジャック＝ルイ・ダヴィッド（仏:Jacques-Louis David）：新古典主義
1780 - 1867	ジャン・オーギュスト・ドミニク・アングル（仏:Jean-Auguste-Dominique Ingres）：新古典主義
1798 - 1863	フェルディナン・ヴィクトール・ウジェーヌ・ドラクロワ（仏:Ferdinand Victor Eugène Delacroix）：ロマン主義
1814 - 1875	ジャン＝フランソワ・ミレー（仏:Jean-François Millet）：バルビゾン派
1826 - 1898	ギュスターヴ・モロー（仏:Gustave Moreau）：象徴主義
1827	写真の発明－ジョセフ・ニセフォール・ニエプス（仏:Joseph Nicéphore Niépce）
1832 - 1883	エドゥアール・マネ（仏:Édouard Manet）：印象派
1839 - 1906	ポール・セザンヌ（仏:Paul Cézanne）：後期印象派
1840 - 1926	クロード・モネ（仏:Claude Monet）：印象派
1840 - 1917	フランソワ＝オーギュスト＝ルネ・ロダン（仏: François-Auguste-René Rodin）：写実主義。彫刻家
1841 - 1919	ピエール＝オーギュスト・ルノワール（仏:Pierre-Auguste Renoir）：印象派
1848 - 1903	ウジェーヌ・アンリ・ポール・ゴーギャン（仏:Eugène Henri Paul Gauguin）：後期印象派
1853 - 1890	フィンセント・ファン・ゴッホ（蘭:Vincent van Gogh［活動は仏］）：後期印象派
1858 - 1899	ジョヴァンニ・セガンティーニ（伊:Giovanni Segantini）：
1862 - 1918	グスタフ・クリムト（墺:Gustav Klimt）：分離派
1866 - 1944	ワシリー・カンディンスキー（露:Wassily Kandinsky［活動は独］）：青騎士グループ
1869 - 1954	アンリ・マティス（仏:Henri Matisse）：野獣派

1871 - 1958	ジョルジュ・ルオー（仏:Georges Rouault）：象徴主義
1879 - 1940	パウル・クレー（瑞:Paul Klee）：青騎士グループ
1881 – 1973	パブロ・ピカソ（西:Pablo Picasso［活動は仏］）：キュビズム
1882 – 1963	ジョルジュ・ブラック（仏:Georges Braque）：キュビズム
1884 – 1920	アメデオ・クレメンテ・モディリアーニ（伊:Amedeo Clemente Modigliani［活動は仏］）：パリ派
1887 – 1985	マルク・シャガール（露:Marc Chagall［活動は仏］）：表現主義
1890 – 1918	エゴン・シーレ（墺:Egon Schiele）：表現主義
1895	映画の発明―オーギュスト・リュミエール（仏: Auguste Marie Louis Lumière）とルイ・リュミエール（仏:Louis Jean Lumière）兄弟

3　音楽史

3.1　言語と音楽との関係

　文学と音楽とは、いずれも時間の流れに沿って展開する芸術である。

　文学は、大きく分けて、小説と詩からなる。西洋詩では、幾つかの小節の最後に現れる語の語尾において韻を踏む形式を取る（あとがきの詩参照）。韻を踏むことにより、朗読する場合の快さ・美しさが倍加するのである。

　言葉の流れに音楽の流れを付け加えるのは自然な行為であり、素朴なものとしては民謡がある。単純なメロディだが、仏教の経や教会音楽の源であるグレゴリオ聖歌などもある。合奏における多声曲の例としては、バッハの受難曲、オラトリオ、カンタータなど、クラシック好きの人は、念頭に思い浮べるであろう。

　近世になって、より洗練されたものとして歌曲やオペラが盛んに作られるようになった。オペラは、モンテヴェルディに始まり、ヘンデル、モーツァルト、ヴェルディ、プッチーニ、ワーグナー、リヒアルト・シュトラウスなどにより２０世紀初頭まで多くの作品が作曲された。オペラというと作曲家の名前が前面に出てくるが、もちろん台本書きを専門とする台本作家が別に居る訳で、モーツァルトの場合、ダ・ポンテと組むことが多かった。

　歌曲は、モーツァルトに始まり、シューベルト、シューマン、ヴォルフなどが、ハイネ、ゲーテ、アイフェンドルフなどの詩をもとに作曲した。

　なお、歌曲やオペラは、それらが内蔵している大きな魅力の故に、語学の勉

強を進める上で大きな推進力となり得るものである。

3.2　音楽史概観と代表作

　本節では、音楽史の流れを、主義を代表する（筆者好みの）作品を取り上げ紹介することを交えながら、解説して行く。表7は、著名作曲家を生年月日の早い順に並べたものである。

ルネッサンス音楽

　ルネッサンス音楽の中心をなすのは、ポリフォニー（多声音楽）による声楽の宗教曲である。ルネッサンス時代には合唱曲において頻繁にカノン様式（後述）が用いられた。

・ジョスカン・デ・プレ：ミサ曲『パンジェ・リングァ』、

　　タリス・スコラーズ、ピーター・フィリップス指揮、

　　　　　　　　　　　　　　　　DMS-7、1986 CDGIM009。

　　4声（ソプラノ、カウンターテノール、テノール、バス）のア・カッペッラ（a cappella）（楽器による伴奏無しの合唱）による心洗われるポリフォニーのミサ曲である。対位法が主流を占めたルネッサンス時代の教会音楽として最高のもの。

　ここで、ルネッサンスとバロック時代の音楽形式として全盛を極めた対位法（たいいほう）について説明しておく。音楽で独立性を持ったパートを声部と言う。ポリフォニーの音楽では、それぞれのパートが対等であり、それぞれが独立性を持った旋律を奏でる。このような音楽形式を対位法と呼ぶ。対位法では、ポリフォニー音楽の作曲技法にカノンとフーガとがあった。カノン（canon）とは、複数の声部が同じ旋律を異なる時点からそれぞれ開始して演奏する様式の曲を指す（なお、カノンには、異なる音で始まるものも含まれる）。それに対し、フーガ（fuga）では主題以外の旋律に自由が許されている。

　次のバロック時代の作曲家バッハは対位法の最後の作曲家で、フーガに傾倒していた。

バロック音楽

　バロック音楽は「彫刻や絵画等と同じように速度や強弱、音色などに対比があり、劇的な感情の表出を特徴とした音楽」と定義される

・モンテヴェルディ：『聖母マリアの夕べの祈り』、

　　タヴァナー・コンソート／タヴァナー合唱団、アンドリュー・パロット指揮、東芝-EMI、CC33 3367-68

モンテヴェルディが彼の持つあらゆる技倆を駆使して作曲したこの曲を聴けば、聖母がいかに教徒の尊敬と憧れの的であるかがよく分かる。グレゴリオ聖歌をベースにしてはいるものの、清らかさを保ちつつ、声数を変えたり、旋律に浮遊感を持たせたり、曲想に変化を付けたり、楽器（ヴァイオリンやチェロ）の演奏を交えたり、あの手この手と、手を変え品を変えして、聴く者を長時間飽きさせることがない。

・バッハ：『インヴェンションとシンフォニア』BWV772-801、
　　　ピアノ：グレン・グールド、ソニー、1964 録音　SRCR9171
『２声と３声のインヴェンション』第２番ハ短調（２声、３声）、第１１番ト短調（３声）、第４番ニ短調（３声）、第９番ヘ短調（２声、３声）の楽曲の流れを耳にすると、中世の秋のゆっくりと時間の流れる静寂に包まれた午後を想像せずにはいられない。

古典派音楽

音楽の形式は、ポリフォニーからホモフォニー（和声音楽）に変わった。ホモフォニーの特徴は、和声、楽曲の形式を守ること、および、リズムの尊重、にある。和声（わせい）とは、和音（英語: chord）の進行、声部の導き方（声部連結）および配置の組み合わせのことである。個々の和音にはその根音と調の主音との関係に従って役割があると考えるものである。和声は、メロディ（旋律）、リズム（律動）と共に音楽の三要素のひとつとされる。

楽曲の均斉感と合理的な展開が重視され、ソナタ形式が発展した。この時代の代表的な楽種として、交響曲や協奏曲、ピアノソナタや弦楽四重奏曲、などが盛んに作られた。交響曲および弦楽四重奏曲を発明したのはハイドンで、パパ・ハイドンと呼ばれる。モーツァルトはハイドンを尊敬し、初めて作曲した弦楽四重奏曲６曲（ハイドン・セット）をハイドンに捧げている。

・W.A.モーツァルト：ピアノ協奏曲第 20 番ニ短調 K.466、ピアノ協奏曲第24 番 K.491、I.マルケヴィチ指揮、クララ・ハスキル（ピアノ）、Philips SFX-7518
人は、子どもにとって馴染みやすい優しいモーツァルトの音楽によって音楽入門を果たす。その後、世間には様々な音楽があることを体験し目移りもしながら、年を重ねて最後にはまた簡潔・透明・優雅・洗練の、そして劇的要素にも欠くことのない、人間への愛の光と人生の哀感をも内に秘めたモーツァルトの音楽に舞い戻る。二十代の後半、モーツァルトの音楽にこり始めた頃出会ったこの曲は、モーツァルトはこんな妖気の漂う劇的な

曲も作っていたのかという意外感を筆者に与えた。第1楽章を聴くと、ベートーヴェンがこの曲を愛好していたという話もうなずける。対する第2楽章の優しさ！　動－静－動の3つの楽章構成を取る協奏曲はオペラと並んでモーツァルトが一生を通して打ち込んだ作曲分野だが、彼のどの協奏曲の第2楽章にも、生来の優しさが簡潔な譜で表現されている。

　オペラと器楽曲の両方に傑作を生み出した作曲家は、長い音楽の歴史の中でも、モーツァルトとリヒアルト・シュトラウス位のものだろうと言われている。イドメネオ、フィガロの結婚、ドン・ジョヴァンニ、コジ・ファン・トゥッテ、魔笛、どれも傑作だが、ここでは、彼の素晴らしいオペラ群に夢中になるきっかけとなった次のレコードを挙げる。

・W.A.モーツァルト：『フィガロの結婚（ハイライト版）』、
　　　カール・ベーム指揮、ウィーン交響楽団、ウィーン国立歌劇場合唱団、
　　　ヴァルター・ベリー（フィガロ、バス）、セーナ・ユリナッチ（伯爵夫人、ソプラノ）、リタ・シュトライヒ（スザンナ、ソプラノ）、クリスタ・ルートヴィヒ（ケルビーノ、ソプラノ）

Fontana FG-11（700 473 WGY）

ハイライト版とは、オペラの中の主立った名歌曲だけを（オーケストラだけが演奏する序曲ももちろん最初に入れてあるが）収録したレコードで、オペラ・ファンの方々からみれば邪道かもしれないが、2～3時間もかかる全曲を聴いている時間の無い人には有り難く貴重な存在である。このレコードは、上に記したように、ベリー以外に、3人のソプラノ名歌手を揃えていたことは特筆に値する（良い歌い手を揃えることは意外と難しいことのようだ）。フィガロがケルビーノを揶揄して歌う『もう飛ぶまいぞ、この蝶々』に関してはすでにあとがきで触れた。伯爵夫人とスザンナによる『手紙の二重唱』と、スザンナの独唱『とうとううれしい時が来た』は、ケルビーノの歌う『恋とはどんなものかしら』などに比べて知られていないようだが、素晴らしい曲である。『手紙の二重唱』といえば、後年見た映画『ショーシャンクの空に』には次のようなシーンがあった、刑務所の庭に居た多くの囚人達の上に、突然の構内放送によりこの二重唱の調べが注がれる。流れ出たその美しい調べに思いがけず接して、囚人達は驚愕と感動の表情でその場に立ちすくむ！　『とうとううれしい時が来た』は、真実の愛と憧れの歌である。モーツァルトはなんと女性の心を美しく描き出す比類無い名作曲家であることだろう！

ベートーヴェンは、ピアノソナタと弦楽四重奏曲の分野で金字塔を打ち立てたと言われている。だが、一般に馴染まれているのは交響曲の分野だと思う。私見では、第3、第5，第7、第9と奇数番の曲に彼の交響曲の特徴がある。

　・L. v. ベートーヴェン：『交響曲第7番』

　　　　カルロス・クライバー指揮、ウィーン・フィルハーモニー管弦楽団、

　　　　　　　F35G 50243, 1975　ドイツ・グラモフォン

　　　カルロス・クライバー指揮のこの演奏は、超名盤として名高いが、この曲の章の進みとともに白熱していくさまはまさに見もの（聞きもの）である。特に第4章は、ワーグナーが「舞踏の聖化」と呼んだように、そこに見られるリズムと回転の繰り返しの饗宴は、聞く人の血を煮えたぎらせるものがある。映画『愛と哀しみのボレロ』（クロード・ルルーシュ監督）の中で、ジョルジュ・ドンがこの曲に合わせて、見事な跳躍と回転のバレエ（モーリス・ベジャール振付）を繰り広げているのもむべなるかな！

　　　この曲を聴くと、ベートーヴェンが古典派だけでなく、ロマン派の最初の作曲家というのも無理からぬことである。

ロマン派音楽

　「ロマン」の意味するところは、形式よりも作曲者の個性をはっきり表出した音楽、ということであろう。ベルリオーズの『幻想交響曲』はその一例である。シューマンは、彼の音楽評論集（吉田秀和訳『音楽と音楽家』、岩波文庫）において、この曲を詳細に分析している。だが、ロマン派の音楽の代表としては、筆者の好みとしてシューマンの音楽を挙げたい。

　・R.A.シューマン：歌曲『詩人の恋』。

　　　　歌：ディートリッヒ・フィッシャー＝ディスカウ、

　　　　ピアノ伴奏：クリストフ・エッシェンバッハ。

　　　　F35G 50131　ドイツ・グラモフォン、ポリドール。

　　　シューマンは、人間の心の有り様を音楽の題材として描いた最初の音楽家と筆者は捉えている。シューベルトはどうなのか？　という反論あるいは疑問が出されるかもしれない。シューベルトの音楽は叙事詩であり、あくまで客観的に冷静に品を落とさずに描写する音楽である（天国と地獄の音楽ではあるが）。それに対して、シューマンの音楽は、耽溺的でありなまなましく少し病的かもしれないが、心情を隠すことなくそのままの心の奥底を描き切っている。この曲では、歌はもちろんのこと、ピアノも単なる伴奏に留まらないで対等に陰影のある雰囲気を描き出している。

ちなみに、シューマンは、上記の本の中で、ショパンの天才を讃え、ベートーヴェンとシューベルトを敬い、さらにブラームスの登場を「新しき道」として世に紹介している。その公正・的確な評論と文学的な香りのする表現とには驚かされる。

　　筆者はワーグナーの音楽はそれほど好きではない。なにしろ長時間の傾聴を要求されるので閉口する。しかし、ワーグナーが音楽の革新者の一人であることは疑いない。それまでの伝統的なイタリア歌劇は、アリア、二重唱、合唱などとそれらをつなぐレチタティーヴォから構成されていた。ワーグナーが無限旋律と名付けた様式は、音の流れがどこまでも流動し繋がって発展していく形式を採っている。オペラ『トリスタンとイゾルデ』を聴けば明らかなように、全音半音の多用、長調と短調をぼかすような音楽語法などは、無限旋律を効果的に実現するための手段として活用されている。

新古典派

　交響曲、協奏曲、ピアノソナタなどでの古典主義的音楽の再生を図った作曲家には、ブラームスがいる。『交響曲第１番』は、ベートーヴェンの第１０番とも言われている。遅れてきた作曲家ブラームス、しかし彼の作品が無ければ、クラシック音楽も随分と寂しいものとなってしまったことだろう。

印象派

　　クラシック音楽の純粋な器楽曲は、表題が付いていない作品が非常に多い。もちろん、ベートーヴェンの『交響曲第３番英雄』とか『第５番運命』とか、有名曲には名前が付いているものが結構沢山ある。しかし、これらは、曲の感じから後の人が付けたものであって、作曲家が付けたものでは無いのである。ところが、音楽の描き出す対象が自然現象や人的事象に広がると（いわゆる標題音楽）、作品に表題を付けてその作品を呼ぶことはごく自然な成り行きとなる。ベートーヴェンの『交響曲第６番田園』やベルリオーズの『幻想交響曲』はその嚆矢であるが、印象派の作品には表題が与えられている。

　　印象派の音楽は、ロマン派音楽に見られるような主観的表現を斥け、激しい情緒や物語性の描写よりも、気分や雰囲気の表現に比重を置いた音楽様式である。描く対象が時間的動的に変化する自然現象の、もともと時間的芸術である音楽による描写であってみれば、対象をより適切に表現するための方式が必要になる。ドゥビュッシーの『牧神の午後への前奏曲』を聴けば、ワーグナーの無限旋律、全音半音の多用、長調と短調をぼかすような音楽語法の影響は明らかで、ワーグナーとは全く異なる対象分野の音楽表現開拓に成功したと言える

であろう。

コラージュ技法

　マーラーは、『大地の歌』など、歌曲と交響曲の融合を試みているが、彼の作品の特色は多くの交響曲に見られるパッチワークによるコラージュ技法ではないだろうか。従来の音楽は一つの作品内で、楽章ごとに調性を変えるのは常套手段であり、一つの楽章内でも途中での切り替えも行われてきた。しかし、マーラーの作品に見られるのは、それぞれ細切れにされた複数の並列的ストーリーが入り交じった形で同時進行する、というものである。この手法は、従来の古典音楽の曲構成に慣れて来た者にとって意表を突かれるものではあるが、考えてみれば、現代の映画やテレビの映像文化ではよく採られる手法である。映画は、１８９５年に発明されている、表６の美術年表を参照されたい。この手法によって、生と死とが隣あわせに存在することを表現したり、歓喜と悲哀のコントラストを強調したりすることもできる。マーラーは、彼の作品を理解しない当時の聴衆に対して、「今に私の時代が来るだろう」と言ったと伝えられる。

無調主義

　音楽が描く対象は、時代とともに広がってきた。そして、これまで辿って来た音楽の歴史から分かるように、描き出す対象にはそれに応じたふさわしい様式、技法、調性がある。

・A.ベルク：ヴァイオリン協奏曲－ある天使の思い出に－

　　コーリン・デイヴィス指揮、ヴァイオリン：ギドン・クレーメル、

　　バイエルン放送交響楽団　　32CD-178。

生と死の過程を時間の経過に従って音によって描き出したこのようなパッセージは、ベルクの無調音楽によって初めて心底写し取られるものであることを実感する音楽である。この曲の第１楽章では、若い清純な女性の青春の日々が透明な色彩感で描き出される。そして、第２章前半の、彼女を不意に襲った病との苦闘、そして死神に対する空しい抵抗の音楽、後半の静かな昇天と祈りの音楽。身内の者の死を体験した者には、これほどの真実の音楽は他には無い。

表7　作曲家年表

各行左から右へ、＜出生年 - 死去年、名前（出生国：欧名）、主義/派名＞。

出生と活動の場の国名：　　伊：イタリア、仏：フランス、独：ドイツ、

　　　　　墺：オーストリア、露：ロシア、チェコ：チェコ

1445 頃 – 1521	ジョスカン・デ・プレ（仏:Josquin des Prés）：ルネッサンス
1567 - 1643	クラウディオ・モンテヴェルディ（伊:Claudio Giovanni Antonio Monteverdi）：ルネッサンス／バロック
1678 - 1741	アントニオ・ルーチョ・ヴィヴァルディ（伊:Antonio Lucio Vivaldi）：バロック
1685 - 1757	ドメニコ・スカルラッティ（伊:Domenico Scarlatti）：バロック
1685 - 1759	ゲオルク・フリードリヒ・ヘンデル（独:Georg Friedrich Händel）：バロック
1685 - 1750	ヨハン・セバスティアン・バッハ（独:Johann Sebastian Bach）：バロック
1732 - 1809	フランツ・ヨーゼフ・ハイドン（墺:Franz Joseph Haydn）：古典派
1756 - 1791	ヴォルフガング・アマデウス・モーツァルト（墺:Wolfgang Amadeus Mozart）：古典派
1770 - 1827	ルートヴィヒ・ヴァン・ベートーヴェン（独:Ludwig van Beethoven）：古典派／ロマン派
1797 - 1828	フランツ・ペーター・シューベルト（墺:Franz Peter Schubert）：ロマン派
1803 - 1869	ルイ・エクトル・ベルリオーズ（仏:Louis Hector Berlioz）：ロマン派
1809 - 1847	フェリックス・メンデルスゾーン（独:Jakob Ludwig Felix Mendelssohn Bartholdy）：ロマン派
1810– 1849	フレデリック・フランソワ・ショパン（ポーランド:Frédéric François Chopin）：ロマン派
1810– 1856	ロベルト・アレクサンダー・シューマン（独:Robert Alexander Schumann）：ロマン派
1811- 1887	フランツ・リスト（ハンガリー:Franz Liszt）：ロマン派
1813- 1901	ジュゼッペ・ヴェルディ（伊:Giuseppe Fortunino Francesco Verdi）：ロマン派

1813- 1883	ヴィルヘルム・リヒャルト・ワーグナー（独:Wilhelm Richard Wagner）：ロマン派
1833- 1897	ヨハネス・ブラームス（独:Johannes Brahms）：新古典主義
1838- 1875	ジョルジュ・ビゼー（仏:Georges Bizet）
1839- 1881	モデスト・ペトロヴィッチ・ムソルグスキー（露:Modest Petrovich Mussorgsky）：象徴主義／印象派
1840- 1893	ピョートル・イリイチ・チャイコフスキー（露:Pyotr Ilyich Tchaikovsky）：新古典主義
184- 1904	アントニン・レオポルト・ドヴォルザーク（チェコ:Anton Dvorak）：新古典主義
1858 -1924	ジャコモ・プッチーニ（伊:Giacomo Antonio Domenico Michele Secondo Maria Puccini）：写実主義
1860- 1911	グスタフ・マーラー（チェコ:Gustav Mahler［活躍は墺］）：後期ロマン派
1862 -1918	クロード・アシル・ドゥビュッシー（仏:Claude Achille Debussy）：象徴主義／印象派
1864 -1949	リヒャルト・ゲオルク・シュトラウス（独:Richard Georg Strauss）：後期ロマン派
1865 -1957	ジャン・シベリウス（フィンランド:Jean Sibelius）：象徴主義／印象派
186- 1925	エリック・アルフレッド・レスリ・サティ（仏:Erik Alfred Leslie Satie）：象徴主義／印象派
1873 - 1943	セルゲイ・ラフマニノフ（露:Sergei Rachmaninov）：ロマン派
1874 - 1951	アルノルト・シェーンベルク（墺:Arnold Schönberg）：無調主義
1875 - 1937	モーリス・ラヴェル（仏:Joseph-Maurice Ravel）：象徴主義／印象派
1877	トーマス・エディソン（米:Thomas Alva Edison）蓄音機を発明
1879 - 1936	オットリーノ・レスピーギ（伊:Ottorino Respighi）：新古典主義
1881 - 1945	ベーラ・バルトーク（ハンガリー:Bartók Béla Viktor János）：新古典主義（民俗音楽）
1882 - 1971	イーゴリ・フョードロヴィチ・ストラヴィンスキー（露:Igor Fyodorovitch Stravinsky）：原始主義／新古典主義

1883 - 1945	アントン・（フォン・）ヴェーベルン（墺:Anton（von）Webern）：無調主義
1885 - 1935	アルバン・ベルク（墺:Alban Maria Johannes Berg）：無調主義
1891 - 1953	セルゲイ・プロコフィエフ（露:Sergei Prokofiev）：新古典主義
1906 - 1975	ドーミトリ・ショスタコーヴィチ（露:Dmitrii Shostakovich）

4 美術と音楽における進展の関連性

　生理学的に見ると、人間の脳は、左脳と右脳から構成されている。どの脳がどの知的活動に貢献しているかについては諸説あるが、現在のところ次のような説が有力である。左脳は、しばしば言語脳と呼ばれ、言語と計算に関する活動を司る。右脳は、しばしば感性脳と呼ばれ、美術と音楽などアナログ情報に関する活動を司る。絵画は空間的、音楽は時間的なので用いられる脳内神経組織は基本的には異なるものの、かなりの部分で共通するという説もあるようである。画才と楽才の間には関連性があるだろうか？

　メンデルスゾーンは絵を描くことも上手だったようだが、美術史に残るような仕事はしていない。ムソルグスキーには、『展覧会の絵』という曲がある。カンディンスキーは、己の芸術のあり方に関して、シェーンベルクの無調音楽によって開眼された。また、クレーは、子供の時から、音楽になじみ深い環境にあり、音楽家になることを考えたこともあった。マティスには、『ジャズ』、『踊り』という題名の絵画がある。しかし、美術と音楽の両方の分野で傑出した仕事をした人は見当たらない。

　美術の分野における思潮の変遷は、第2章に述べたように、

　　　ゴシック→ルネッサンス→バロック→新古典派→ロマン派→印象派→

　　　・・・

という流れがあった。

　音楽の分野における思潮の変遷は、3.2節で概観したが、そこでは、

　　　バロック→古典派→ロマン派→新古典派→印象派→無調主義

という流れが観察された。

　美術と音楽両方の歴史を概観してまず気が付くのは、両方の分野共に、

　　　　文句の付けようのない堂々たる古典主義の存在、

　　　　　　　　　↓

　　　　それらに反抗して何らかの新規性を持ち込もうとする運動、

　　　　　　　　　↓

197

その新しい試みへのアンティテーゼとしての古典への回帰を唱える新
　　古典主義の登場
　　　　　　　　↓
　　それに対する革新運動、
　　　　　　　　↓
　　　　　　　・・・

という、弁証法的な思潮の運動の歴史である。
　また、音楽史と美術史とでは　、次のような対応関係が存在する。
　（美術）ルネッサンス／古典派　<=>　（音楽）古典派
　（美術）ロマン派　<=>　（音楽）ロマン派
　（美術）印象派　　<=>　（音楽）印象派
さらに、次のような対応関係も観察される。
　（美術）キュビズム　<=>（音楽）コラージュ技法
　（美術）抽象絵画　　<=>（音楽）無調主義
　美術分野における進展と音楽分野における進展の間の関連性は、共に人間の
文化の思潮における社会的進展と発展の形態を表したものと理解するのが自
然かもしれない。それぞれの分野の担い手は、先縦者の努力の結果を咀嚼し踏
まえた上で、従来のものには見当たらない革新を加えるべく苦闘する。その結
果として、一段の新しい思潮の積み上げが成されて行く。この流れが芸術の歴
史を形成している、と思われるのである。

参考文献

◎書籍
　（語学に関しては、発行予定の別冊に記すことにする）
　歴史本
フレデリック・ドルーシェ（総合編集）、木村尚三郎（監修）、花上克己（訳）
　：ヨーロッパの歴史－欧州共通教科書－、東京書籍、1994.
ヒルデ・シュピール（著）、別宮貞徳（訳）：ウィーン－黄金の秋、原書房、
　1993.
阿刀田高：新約聖書を知っていますか、新潮文庫、1996.
塩野七生：海の都の物語、新潮文庫、2009.
　紀行文
ゲーテ（著）、相良守峯（訳）：イタリア紀行（上）、（中）、（下）、
　岩波文庫、2007 改版。
エドワード・ウィンパー（著）、浦松佐美三郎（訳）：アルプス登攀記、
　岩波文庫、1993 改版.
ピーター・メイル（著）、池　央か（耳火）訳：南仏プロヴァンスの
　１２か月、河出書房新社、1993.
須賀敦子：ミラノ－霧の風景、白水社、2001.
高木純子：フランスアート旅行記、チェリーハウス、星雲社、2004.
　芸術
クロード・ロスタン：ドイツ音楽、文庫クセジュ、白水社、1966.
キーワード・クラッシック編集部（編）：クラシックの快楽、洋泉社、1988.
高階秀爾（監修）：西洋美術史、美術出版社、1990.
相沢啓三：オペラの快楽、JICC 出版局、1992.
ロベルト・シューマン（著）、吉田秀和（訳）：音楽と音楽家、岩波文庫、2007
　改版.
　一般ガイドブック
地球の歩き方、ダイヤモンド社
　　イタリア '13～'14.
　　ミラノ、ヴェネツィア、湖水地方 '11～'12.
　　スイス '10～'11.

ウィーンとオーストリア '10〜'11.

ドイツ '10〜'11.

フランス '14〜'15.

南仏 プロヴァンス コート・ダジュール&モナコ 2015〜16.

EUROPEAN TIME TABLE 毎年 夏、ダイヤモンド社.

ヨーロッパ鉄道の旅、ダイヤモンド社.

トレッキング・ガイドブック

勝井規和・悦子：ヨーロッパアルプスの里物語、グラフィック社、
1987 改訂.

土田陽介：スイスアルプスらくらく散歩、日経 BP 企画、2006.

金原富士子：ヨーロッパアルプスー登山・ハイキングー改訂版、本の泉社、
2010.

K.Reynolds: Walking in the Alps〔Revised〕, Cicerone Press, 2010.

G.Bourne & S.Körner-Bounre: Walking in the Bavarian Alps, Cicerone Press, 1997.

Gillian Price: Walking in the Dolomites, Cicerone Press, 2012.

地図

freytag & berndt 社：地図用語は独、英、仏語。 ドイツ語による解説書付き。

KOMPASS-Karten GmbH 社：地図は独、伊、英、仏語。ドイツ語とイタリア語
の解説書付き。

Tabacco 社：地図は伊、独、仏、英語。解説書は無い。 ドロミティ地方のト
レッキングや登山を行う人には必携の地図である。

IGN 社： 地図は仏、英語。解説書は無い。

・ユングフラウ

Jungfrau Region: Landeskarte der Schweiz 2520, 1:25000, Bundesamt für
Landestopographie, 2002.

・ツェルマット

Zermatt Gornergrat: Landeskarte der Schweiz 2515, 1:25000, Bundesamt für
Landestopographie, 2004.

・モン・ブラン（北側、フランス側）

Chamonix: Massif du Mont Blanc, Carte de Randonnée 3630 OT, 1:25000,
Institut Geographique National, 2002.

・モン・ブラン（南側、イタリア側）

ST-Gervais-Les-Bains: Massif du Mont Blanc, Carte de Randonnée 3531 ET,

1:25000, Institut Geographique National, 2008.
・ベルヒテスガーデン

Berchtesgadentenn・Bad Reichenhall・Konigssee, WK D5, 1:25000, freytag & berndt,
・ハルシュタット

Dachstein・Ausseer Land・Filzmoos・Ramsau, WK 281, 1:50000, freytag & berndt.
・リエンツ、グロースグロックナー

Kals Heiligenblut Matrei, WK 181, 1:50000, freytag & berndt.
・ガルミッシュ・パルテンキルヒェン、ミッテンヴァルト

Wetterstein・Karwendel・Seefeld・Leutasch・Garmisch-Partenkirchen, WK 322, 1:50000, freytag & berndt
・エッツタール

Ötztal・Pitztal・Kaunertal・Wildspitze,WK 251,:1:50000, freytag & berndt.
Ötztaler Alpen   Ötztal・Pitztal, KOMPASS 43, :1:50000, KOMPASS-Karten GmbH.
・コルティナ・ダンペッツォ、ドロミティ

Cortina d'Ampezzo, KOMPASS 55, 1:50000, KOMPASS-Karten GmbH.
Cortina d'Ampezzo e Dolomiti Ampezzane, TABACCO 03, 1:25000, Tabacco.
Sextener Dolomiten Dolomiti di Sesto, TABACCO 010, 1:25000, Tabacco.
・エクラン

Écrins, Carte de Randonnées, 1:50000, Rando (données IGN), 2005.

◎ネット上の情報

「インターネットは現代の百科事典」と言われるように、グーグル Google などの検索エンジンを利用することにより、大抵のことについて、知ることができる。また、ホテルや切符の予約も行える。

検索の一例

キーワードを検索エンジンに与えることにより検索される各サイトは、どれも http://... で始まるアドレス（URL という）を持つ。それゆえ、検索エンジンにこの URL を直接与えても検索できる。

ここでは、ただ一つの具体例だけを示すことにする。槇有恒氏の回顧談（II 2.3）が載っているサイトである。

検索には、次の 2 つのキーワードを与えた：

ヴァイスホルン　ゲオルグ・ウィンクラー。
すると、幾つも候補と思われる関連サイトが枚挙されるが、
　　　Swissinfo-IV アルプス－8－
というサイトが先頭に出てきた。それをクリックすると表示されるのは「氷河
の話」という小題の文だが、幸いそれを含む全体の目次も表示される。サイト
の URL を次に記す：
　　　http://www.swissinfo.ch/html/japanese_book/swissinfoa1ba.html
　全体は、槇さんのアルプスとの出会い、アイガー東尾根初登攀、その後の日
本隊によるヒマラヤ・マナスル初登頂時の遠征隊隊長の経験などを含めた回顧
録である。スイスに関する記述など、現地に住んだ（長期間滞在した）人でな
ければ書けない、槇さんの人柄が偲ばれる文章である。近代アルピニズムおよ
びそれに必要な装備の日本への導入は槇さんを中心に成されたことが分かる。
　利用する検索サイトの例
　さて、手造りの旅の計画と、本書の執筆に当たって、筆者は検索エンジンを
フルに活用したが、その様々なサイトの利用形態の概略を以下に記す。
・各国政府観光局
・訪問候補地についての（個人の）旅行記と写真集
・旅行業会社　旅先やホテルの（口コミサイト利用による）選択と予約
・航空会社、飛行便斡旋会社、各国国鉄を含む鉄道、バスなど——時刻表、
　路線、運賃。
・美術館や博物館の予約
・グーグル・アースとストリート・マップにより、都市の地図やホテルの位置
　とそこへの道順　通りの3次元ビューなどを調べることができる。
・（百科事典としての）ウィキペディア Wikipedia の利用
　国、自然（山岳、河川、湖沼、峠など）、都市、地方、建築物（美術館、
　博物館、城、庭園、教会寺院など）、人物、言語、歴史、その他。
　この本を書くためのデータ集めにおいて、随分お世話になった。

索引

A

ATM, 141, 149, 164

E

EU, 31, 34, 157, 177, 200
euro, 31

W

Wi-Fi, 148, 149, 150, 153, 165

あ

アイガー, 20, 49, 50, 51, 53, 202
アヴィニョン, 21, 24, 25, 32, 118, 119,
　120, 122, 172
アッカデミア美術館（ヴェネツィア）,
　103
アッカデミア美術館（フィレンツェ）,
43, 46, 147, 182
アルテ・ピナコテーク, 77, 81, 182
アルペンローゼ, 60
アルル, 21, 23, 118, 120, 121, 180
アレーナ, 113, 115, 147, 180
アンテラオ, 20, 107, 108
アンブロジアーナ美術館, 93, 95

い

イギリス庭園, 77, 79, 90, 210
インスブルック, 18, 21, 22, 25, 71, 76,
　86, 88, 89, 90, 147, 210
インターネット, 3, 4, 31, 96, 134, 138,
　143, 146, 169, 201, 210
インフォメーション（観光案内所）,
　105, 126, 210, 211

う

ウィーン, 5, 21, 22, 25, 32, 63, 64, 65,
　66, 67, 68, 71, 74, 82, 94, 134, 161,
　169, 191, 192, 199, 200
ウィンクラー, 56, 202
ウィンパー, 17, 19, 54, 56, 61, 125,
　199
(Whymper, 17, 20)
ウエストファリア条約, 26
ウッフィツィ美術館, 44, 45, 147, 182

ゔ

ヴァイスホルン, 20, 55, 56, 202
ヴァッツマン, 20, 69, 70, 71
ヴァティカン, 36, 37, 39, 95, 147, 182
ヴィチェンツァ, 34, 92, 109, 110, 112,

180

ヴィットリオ・エマヌエーレ 2 世, 28,
33, 38, 93

ヴィラ・エフルシ・ドゥ・ロスチルド,
123

ヴィルトシュピッツェ, 20, 89

ヴィルヌーヴ・レザヴィニョン, 118,
119, 132

ヴェネツィア, 25, 27, 29, 33, 36, 37,
92, 100, 101, 102, 103, 104, 108,
109, 110, 111, 112, 138, 167, 199,
209

ヴェローナ, 23, 92, 109, 112, 113, 115,
147, 167, 180

え

エーデルヴァイス, 60, 98

エゴン・シーレ, 64, 65, 66, 184, 188

エズ, 33, 60, 118, 119, 123, 163

エッツタール, 86, 88, 89, 201

遠近法, 95, 110, 180

エンツィアン, 60

お

オーストリア美術館, 64, 65, 66

か

カールヴェンデルシュピッツェ, 71,
85, 86

カール大帝, 23, 30, 32

カール大帝賞, 30

ガリバルディ, 28, 34, 93, 94, 111, 112,
115, 123

ガルミッシュ・パルテンキルヒェン,
76, 77, 84, 85, 201

観光案内所, 50, 57, 126, 132, 140, 162,
163, 168

き

キリスト教, 23, 26, 32, 36, 37, 45, 47,
73, 180, 181

く

グーテンベルク, 24, 32

クールマイユール, 17, 92, 97, 98, 99

グラン・サン・ベルナール峠, 17, 28, 33,
57, 183

クリムト, 64, 65, 82, 184, 187

グリンデルヴァルト, 22, 49, 50, 51,
52, 53, 54, 61, 84, 161, 163, 167

クレジットカード, 141, 142, 146, 149,
152, 164

グロースグロックナー, 20, 72, 73, 74

け

ゲーテ, 3, 18, 77, 81, 109, 110, 143,
188, 199

ケーニヒス湖, 69, 70

204

こ

刻印機, 160
ゴッホ, 81, 120, 121, 132, 184, 187
コラージュ技法, 194, 198
コルティナ・ダンペッツォ, 92, 104, 105, 106, 167, 201

さ

最後の晩餐, 93, 96, 97, 109, 116, 147, 182
ザルツブルク, 18, 21, 22, 25, 26, 63, 67, 68, 69, 70, 71, 82, 94
サン・ジョルジョ・マッジョーレ島（教会）, 100, 101, 102, 112
産業革命, 28
サンタ・マリア・デッレ・グラツィエ教会, 93, 96, 182

し

シーニゲ・プラッテ, 52, 61
シェーンブルン宮殿, 27, 65
シエナ, 3, 25, 36, 42, 43, 44, 47
シェンゲン協定, 31, 157
自然史博物館, 64
自動券売機, 70, 84, 94, 138, 142, 149, 159, 161
シャガール, 124, 188
シャモニー, 17, 22, 49, 56, 57, 58, 59, 98, 99, 100, 161, 163

宗教改革, 25, 26, 40
シューマン（ロベール）, 31, 34,
シューマン（ロベルト・アレクサンダー）, 174, 175, 188, 192, 193, 195, 199
情報革命, 24, 31
ジョット, 44, 108, 181, 185
ション城, 59
神聖ローマ帝国, 24, 26, 27, 32, 63, 86

す

スクロヴェーニ礼拝堂, 108, 109, 147, 181
スフォルツァ城, 116

せ

ゼルデン, 76, 88, 89

た

ダ・ヴィンチ, 24, 93, 95, 96, 97, 147, 180, 182, 186
第一次世界大戦, 29, 30, 33
対位法, 174, 189, 212
第二次世界大戦, 29, 30, 34, 124
ダヴィデ, 46, 182

ち

チューリング, 31, 34

つ

ツークシュピッツェ, 20, 71, 76, 83, 85
ツェルマット, 17, 22, 49, 54, 55, 56,
　　57, 61, 161, 200

て

ディーニュ, 22, 118, 119, 122
ティツィアーノ, 45, 103, 104, 186
デューラー, 24, 77, 81, 182, 186

と

ドイツ博物館, 29, 76, 77, 78, 90
ドゥビュッシー, 120, 181, 193, 196
都市国家, 24, 25, 27, 28, 93
ドナウ川, 21, 65, 68, 76
トレ・チーメ, 106
ドロミティ, 29, 56, 92, 104, 105, 106,
　　107, 108, 200, 201

な

ナポレオン（3世）, 28, 29
ナポレオン（ボナパルト）, 17, 27, 33,
57, 123, 183

に

ニース, 22, 25, 28, 33, 118, 119, 122,
　　123, 124, 125, 134, 163
ニンフェンブルク城, 76, 77, 81

の

ノイエ・ピナコテーク, 77, 81
ノイシュヴァンシュタイン城, 82, 83

は

バーナーズ＝リー, 31, 34
ハイネ, 172, 175, 188
パスポート, 101, 148, 152, 153, 156,
　　157, 158
バッハ, 52, 53, 76, 89, 174, 188, 189,
　　190, 192, 195
パッラーディオ, 102, 109, 110, 111,
　　143, 180, 182, 186
パドヴァ, 92, 108, 109, 116, 147, 167,
　　181
パラティーナ美術館, 44, 45
ハルシュタット, 63, 68, 70, 71, 72, 201

ひ

ピエタ, 39, 95, 182
ピエンツァ, 3, 36, 41, 42
美術史美術館, 65
ビゼー, 120, 121, 181, 196
ヒトラー, 18, 30, 33, 83
ビュッフェ形式, 67, 89, 139, 165
ピラトゥス山, 20, 49, 60, 61, 84

ふ

フィレンツェ, 3, 22, 24, 36, 43, 44, 46,
　147, 163, 180, 182, 209
フラ・アンジェリコ, 45, 185
ブリューゲル, 65, 182, 186
プレラ美術館, 93, 95,
ブレンナー峠, 18, 92

へ

ベートーヴェン, 65, 191, 192, 193, 195
ベッラ島, 115, 123
ベルヒテスガーデン, 18, 63, 68, 69,
　70, 71, 73, 76, 82, 201

ほ

ボッティチェッリ, 45, 182, 186
ボルゲーゼ美術館, 37, 183

ま

槙有恒, 3, 20, 51, 56, 201, 202
マクシミリアン1世, 24, 32, 86, 87
マッターホルン, 17, 19, 20, 49, 54, 55,
　56, 57
マリア・テレジア, 27, 33, 64, 66, 86

み

ミケランジェロ, 24, 39, 40, 43, 44, 46,
　95, 180, 182, 186

ミッテンヴァルト, 18, 71, 76, 77, 85,
　86, 201
ミネラルウォーター, 167
ミュンヘン, 18, 21, 22, 25, 26, 29, 69,
　76, 77, 78, 81, 82, 83, 84, 85, 86, 90,
　115, 134, 137, 158, 182
ミラノ, 18, 22, 23, 25, 32, 33, 92, 93,
　94, 95, 96, 97, 100, 102, 109, 114,
　115, 116, 138, 147, 148, 158, 159,
　162, 182, 199

む

無限旋律, 193
無調音楽, 194, 197

め

メンリッヒェン, 52, 53, 61

も

モーツァルト, 18, 63, 66, 67, 68, 77,
　124, 173, 174, 181, 188, 190, 191,
　195
モディリアーニ, 176, 184, 188
モン・ブラン, 17, 19, 49, 57, 58, 59, 61,
　92, 98, 99, 100, 118, 138, 163, 200

ゆ

ユーレイルパス, 137, 146, 154

ユーロ, 16, 31, 34, 78, 81, 96, 98, 104, 106, 114, 126, 141, 143, 147, 148, 167

ユングフラウ, 19, 20, 49, 50, 51, 53, 200

ら

ラ・ベラルド, 118, 125, 126, 127, 128, 132,

ライゼゲペック, 61, 140, 161

ラッファエッロ, 38, 40, 45, 95, 180, 182, 186

り

リエンツ, 49, 52, 63, 72, 73, 74, 161, 201

リヨン, 21, 22, 25, 28, 118, 130, 131, 132, 150, 164

る

ルートヴィヒ2世, 82,

ルツェルン, 49, 59, 60, 84,

ルネッサンス, 4, 24, 32, 43, 44, 45, 102, 180, 181, 182, 183, 185, 186, 189, 195, 197

れ

レマン湖, 19, 21, 49, 57, 59, 60, 118, 130, 138

ろ

ローザンヌ, 19, 49, 59

ローヌ川, 21, 118, 119, 120, 130

ローマ, 3, 4, 22, 23, 24, 28, 32, 36, 37, 38, 41, 94, 97, 109, 112, 137, 147, 180, 181, 183

ローマ教会, 26

ローマ字, 106

ローマ時代, 118, 120, 121

ローマ大賞, 28, 181

ローマ帝国, 3, 21, 23, 30, 32, 36, 180

ローマ法王, 24, 26, 69

わ

和声, 190

著者紹介

間野　暢興　（まの　のぶおき）

1939 年東京都生まれ。
1963 年東京大学工学部応用物理学科卒。
1965 年東京大学数物系大学院応用物理学修士課程卒。
同年通産省工業技術院電気試験所（その後、電子技術総合研究所と改名。さらに、その後の組織改革を経て現在は、経済産業省国立法人産業技術総合研究所）入所。情報処理技術の研究に従事。
1998 年同所退所、同年明星大学情報学部情報学科教授。
2010 年定年で同大学退職。
以後、ほぼ毎年ヨーロッパアルプスの麓の国々を巡る手造りの旅を行う。

トレッキング、音楽鑑賞、美術（絵画、彫刻、建築）鑑賞、および、語学（英、独、伊、仏の各言語）の勉強、を趣味としている。

トレ・チーメ北壁の前の著者

アルプスの麓の国々を巡る　－手造りの旅の味－

2017 年 11 月 10 日　初版　第一刷発行
著者　　間野　暢興
発行者　谷村勇輔
発行所　ブイツーソリューション
〒466-0848 名古屋市昭和区長戸町 4-40
電話　　052-799-7391
ＦＡＸ　052-799-7984
発売元　星雲社
〒112-0005 東京都文京区水道 1-3-30
電話　　03-3868-3275
ＦＡＸ　03-3868-6588
印刷所　藤原印刷
万一、落丁乱丁のある場合は送料当社負担でお取替えいたします。
小社宛にお送りください。
定価はカバーに表示してあります。
©Nobuoki Mano 2017 Printed in Japan　ISBN 978-4-434-23913-7